# 电子商务客户服务

主 编 韩 磊

副主编 郭长慧 董 炤

参 编 郭 曼 王 昕 韩小梅 刘 丽

电子工业出版社.

Publishing House of Electronics Industry

北京·BEIJING

## 内 容 简 介

本书从电子商务客户服务岗位的需求出发，以电子商务客服人员必须掌握的知识和技能为逻辑线索，依据最新专业教学标准，吸收广大师生的意见和建议，结合中职学生的认知特点编写而成。本书为落实"三教"改革、实施项目教学，采用项目任务式体例，共设计编写了 7 个项目：体验电子商务客户服务、运用沟通技巧、接待售前咨询、促成售中交易、做好售后服务、维护客户关系、走近智能客服。每个项目都融入了大量来自电子商务企业客服岗位的实践教学案例、拓展知识和技能训练素材，既让教师教得轻松，又让学生学得有趣。

本书可作为中职电子商务专业的课程教材，也可作为营销类、客服类专业相关课程的教学用书，还可作为企业销售人员、营销管理人员、客服人员的自学和培训教材。

**图书在版编目（CIP）数据**

电子商务客户服务 / 韩磊主编. —北京：电子工业出版社，2023.9

ISBN 978-7-121-45608-4

Ⅰ．①电… Ⅱ．①韩… Ⅲ．①电子商务－商业服务－中等专业学校－教材 Ⅳ．①F713.36

中国国家版本馆 CIP 数据核字（2023）第 084210 号

责任编辑：陈　虹　　　　　特约编辑：田学清
印　　刷：涿州市般润文化传播有限公司
装　　订：涿州市般润文化传播有限公司
出版发行：电子工业出版社
　　　　　北京市海淀区万寿路 173 信箱　　　邮编：100036
开　　本：880×1230　　1/16　　印张：12.5　　字数：280 千字
版　　次：2023 年 9 月第 1 版
印　　次：2024 年 12 月第 2 次印刷
定　　价：37.50 元

凡所购买电子工业出版社图书有缺损问题，请向购买书店调换。若书店售缺，请与本社发行部联系。
联系及邮购电话：（010）88254888，88258888。
质量投诉请发邮件至 zlts@phei.com.cn，盗版侵权举报请发邮件至 dbqq@phei.com.cn。
本书咨询联系方式：chitty@phei.com.cn。

# 前言

- - - - - - - - - - - - - - - - - - - - - - - -

互联网技术的进步促进了电子商务的飞速发展，给人们的生活带来了很多的方便，人们利用电脑或手机足不出户就能购物消费。如今，电子商务已经成为人们日常生活的重要组成部分。

许多企业已经意识到电子商务蕴藏的发展潜力，纷纷建立自己的电商平台。随着新时代客户需求的不断升级，电子商务客户服务（又称为网店客服）成为一种新的岗位，且岗位需求量越来越大。电子商务客服人员需要随时回复和处理客户的疑问和需求，是企业形象的最直接传递者；电子商务客服人员帮助客户解决各种疑问和需求，进而促成交易；电子商务客服人员还可以给客户提供购买建议，更好地服务客户。电子商务企业的客户服务质量直接影响店铺的形象，进而影响店铺的经营状况和经济效益。

电子商务专业技能型人才培养的指导思想是：根据企业和劳动力市场对电子商务客服专业人才的需求，以服务经济建设为宗旨，坚持"以就业为导向""以能力为本位"的教育理念，建立多样性与选择性相统一的教学机制，通过综合、具体的职业实践活动，帮助学生积累实际工作经验；突出职业教育特色，全面提高学生的职业道德、企业素质和综合职业能力。基于此，职业学校在培养电子商务客服专业人才时，需要从思想上、行动上重视电子商务客户服务的教学改革，对接企业岗位，深入贯彻产教融合、工学结合，加强教学性实践环节，培养满足企业和市场需求的高素质技能人才。

本书编写团队通过对企业进行调研论证，了解了电子商务企业客户服务岗位的现状及典型工作任务，以培养高素质电子商务客服专业人才为目标，努力打造一本让学生具备良好的职业道德、掌握电子商务客户服务技术规范、健全综合职业能力的教材。

本书具有以下特色：

## 1. 融入思政课程，坚持立德树人的根本宗旨

本书在编写过程中注重教书和育人相融合，将思政教育有机融入教学内容之中。本书将正确的政治方向摆在首位，在内容设计过程中将立德树人作为培养人才的根本任务，把党的教育方针融入内容编写的每一个环节中，为学生打好"中国底色"。本书将职业精神

和工匠精神融入人才培养的全过程，坚持教材内容的校准导向，以专业教学标准和课程标准为依据，尊重技术技能人才的成长规律，彰显职业教育教材编写的特有形式。

### 2．落实"三教"改革，设计项目任务式体例

本书为落实"三教"改革、实施项目教学，共设计编写了7个项目：体验电子商务客户服务、运用沟通技巧、接待售前咨询、促成售中交易、做好售后服务、维护客户关系、走近智能客服。每个项目都融入了大量来自电子商务企业客户服务岗位的实践教学案例、拓展知识和技能训练素材，既让教师教得轻松，又让学生学得有趣。

### 3．坚持目标导向，选取岗位典型工作任务

本书由校企合作编写，围绕电子商务客户服务岗位的典型工作任务，以培养学生的职业能力为主线，坚持"问题导向、目标导向、学生本位、信息支撑"的原则，创新体例和内容。本书在体例上以任务为引领，按照课程教学目标，采用项目任务式的体例设计，每个项目都包含丰富的情景教学或案例教学的素材，便于教师在教学过程中选用或参考。

本书由山东省章丘中等职业学校的韩磊担任主编，负责策划、定稿，由淄博信息工程学校的郭长慧、章丘中等职业学校的董炤担任副主编。具体编写分工如下：项目1由韩磊编写，项目2由济南市工业学校的郭曼编写，项目3由鲁中中等专业学校的王昕编写，项目4由淄博市工业学校的韩小梅编写，项目5由郭长慧编写，项目6由董炤编写，项目7由烟台信息工程学校的刘丽编写。山东云媒互动网络科技有限公司的路红女士参与了本书的审订工作，以保证教学过程和企业工作岗位的全方位对接。

由于编写人员的水平有限，加之编写时间仓促，书中的疏漏和不当之处在所难免，敬请广大读者批评指正，在此表示感谢！

编　者

# 目录

# 项目 1
# 体验电子商务客户服务

随着电子商务的不断发展，电商平台的竞争也愈演愈烈，客户对商品和服务的要求也越来越高。现在，客户并不满足于为商品本身买单，他们更加注重完美的购物体验。在整个网购过程中，网店客服作为网店与客户之间的桥梁，为客户提供服务、解决问题，成为决定客户购物体验优劣的重要角色之一。

## 学习目标

- 素质目标

1. 培养甘于奉献、爱岗敬业的精神，树立良好的职业形象；

2. 树立客户至上、热情服务、诚信经营的宗旨。

- 知识目标

1. 了解电子商务客户服务的含义及电子商务客服人员的类型；

2. 理解电子商务客户服务的作用；

3. 掌握电子商务客户服务的岗位职责、礼仪及素质；

4. 掌握电子商务客户服务的工作流程；

5. 掌握在线沟通工具。

- 能力目标

1. 能够具备电子商务客服人员的岗位职责、素质及礼仪；

2. 学会应用在线沟通工具，能够与客户进行实时在线沟通。

**案例导入**

林洁从事服装经营已有两年时间了。为了拓展业务，她打算在网上开设一家网店。经过多方面的调研和分析，林洁决定在淘宝网上开设一家专业销售女装的网店。结合线上、线下的销售特点，经过3个多月的推广和运营，林洁终于看到了成功的希望。"双11"活动要开始了，林洁感觉有点力不从心。她打算结束这种单打独斗的网店经营模式，决定招一名网店客服来帮忙。林洁心想，网店客服的工作要求也不高，只要会打字，能够帮助客户解答一些疑问就行。很快，她就通过网络招聘了一名网店客服小刘。林洁在给客服小刘简单地介绍了一下网店目前的经营状况和一些注意事项后，就让小刘开始工作了。林洁认为这下可以好好放松一下了，可谁曾想到，在客服小刘上岗后的第一个星期内，虽然网店的销量有所上升，但退款率也在增长。这究竟是怎么回事呢？

一天，客服小刘收到客户李女士发来的消息。李女士想在店里挑选一件衬衫送给朋友，让小刘帮忙给她推荐几款合适的衬衫。小刘在收到消息后立刻回复，并与李女士达成了一致意见，很快这单就促成了，李女士也成功完成了付款。可两天后，李女士联系小刘并要求退货，待林洁仔细查看订单详情和聊天记录后，立即给李女士道歉并同意退款。原来是由于小刘没有仔细核对订单，竟然把另一个订单的备注信息填到了李女士的订单上，导致两个订单都发错了货，给网店造成了经济损失。经过这次事件，小刘发现客服工作看似简单，但要成为一名优秀的客服并不是自己想象的那么简单。

**案例思考**

网店客服人员应该具备哪些能力和素质呢？

# 任务一　初识电子商务客户服务

## 一、电子商务客户服务的含义

电子商务客户服务是承载着客户投诉、订单业务受理（新增、补单、调换货、撤单等）、通过各种沟通渠道参与客户调查、与客户直接联系的一系列工作的总称。

从事这一系列工作的人员称为电子商务客服人员。

### 1．电子商务客服人员的类型

为了让电子商务客服人员的职责更明确，更好地为客户服务，网店一般会根据不同的工作类型，将电子商务客服人员进行分类。

（1）售前客服。

售前客服主要从事引导性的服务工作，如解答客户在产品质量等方面咨询的问题、帮助客户挑选满意的商品，从而为网店带来销售业绩。

首先，售前客服需要掌握相关的专业知识，包括产品知识、行业知识和相关的操作技能。客户之所以咨询售前客服，是因为相信他们的专业知识和能力。售前客服只有具备了一定的专业知识，在应对客户的各种咨询时才能够得心应手，向客户进行的推介才更具有说服性。

其次，售前客服还要掌握相关的操作技能，如正确使用在线沟通工具、创建企业的常见问题列表等。熟练掌握这些操作技能能够使售前客服在与客户沟通时更加灵活多变。

第三，售前客服还要掌握促销信息，如优惠券的使用、包邮条件等，这样在交谈时可以帮助客户找到性价比最高的方案，提升客户的购买欲望，如图 1-1、图 1-2 所示。

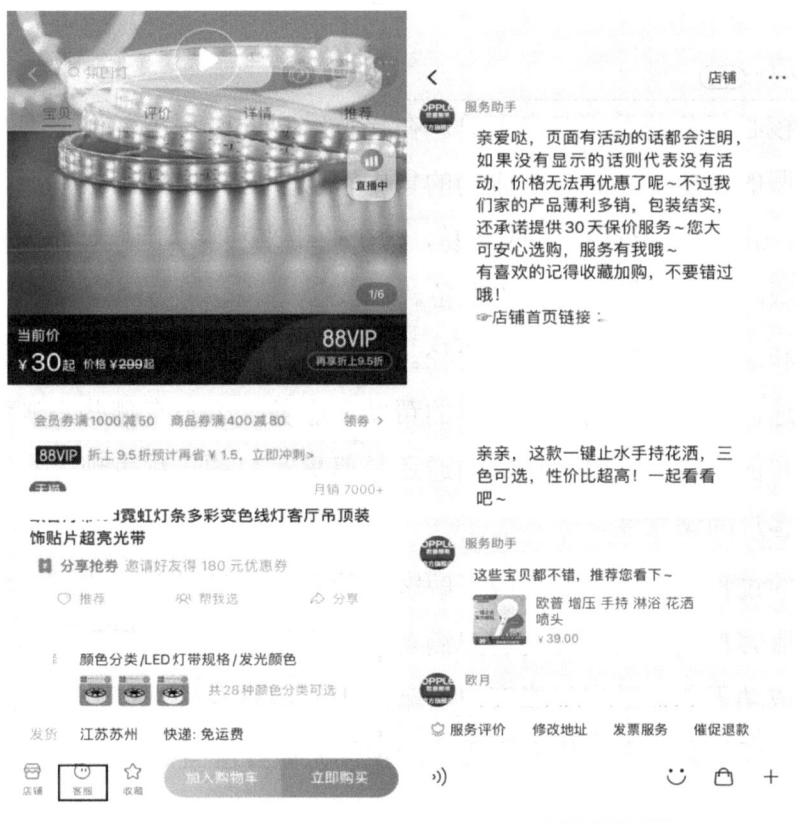

图 1-1

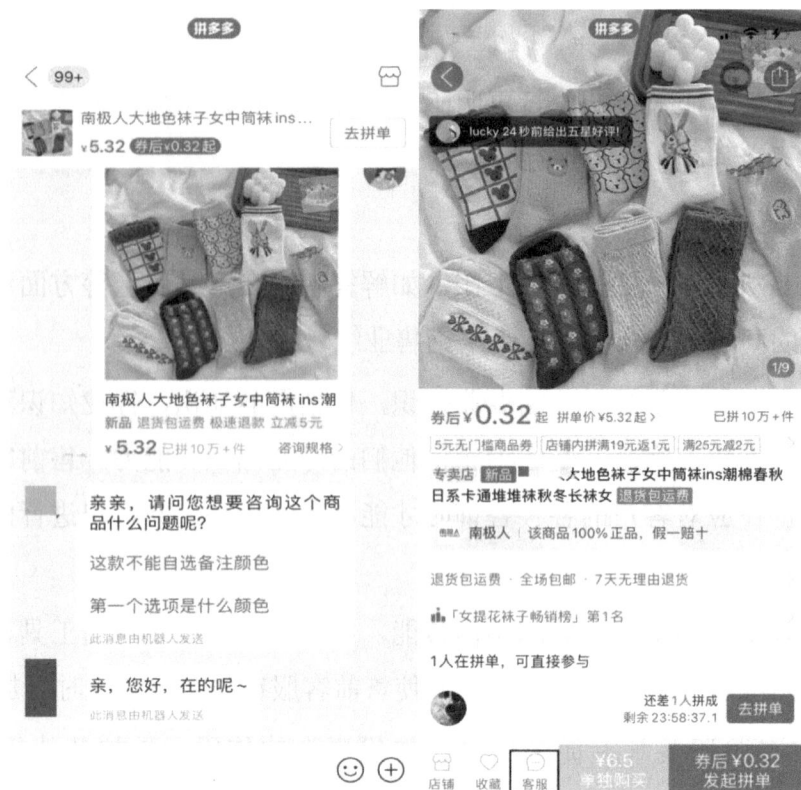

图 1-2

（2）售中客服。

售中沟通的核心任务是促成客户下单。在接待客户的过程中，促使客户下单并完成交易是每个售中客服的主要工作。一个成功的售中客服，必须做到有效沟通、有的放矢，才能提高工作效率，引导客户购买，达成交易，给企业带来利润。因此，作为直接面对客户购买行为的售中客服，就需要做好充分的准备。

沟通是了解和满足客户需要的重要途径。倾听可以获取信息、发现问题，售前客服只有认真与客户沟通，知道客户需要什么样的帮助和服务、客户有哪些不满和抱怨，才能对症下药，解决客户的问题。同时，认真沟通还是尊重客户的一种表现，有利于营造良好的沟通氛围，提高客户的满意度。

在接待客户的过程中，售中客服应了解客户的异议并及时采取相应的措施，处理客户的异议；掌握说服客户的原则，提高客户满意度，留住客户；掌握促成客户下单的技巧及方法，促使客户成功下单；掌握促成客户付款的工作流程及处理订单的操作步骤等内容，为顺利地完成销售任务和给客户带来优质的购物体验做好准备。

（3）打包客服。

网上购物需要通过物流运输，才能让客户拿到商品。打包客服是专门将商品打包发货的工作人员，其主要职责是根据客户订单分拣货物，并核对信息，最后打包发货。

网店中出售的商品将由仓储人员进行打包、发货。有时客户会对订单有特殊的要求，此时，打包客服就要及时与仓储人员沟通，采取订单备注的方式提醒仓储人员。打包客服在做订单备注时，把需要仓储人员注意的信息放在备注靠前的位置，避免仓储人员未看到备注信息的情况发生。

当包裹出现缺件、少件、延迟发货的情况时，打包客服要及时与仓储人员沟通，确认包裹状况，并及时反馈给客户。

**知识拓展**

虽然快递人员不属于网店中的某一个岗位，但因为快递人员是网店与客户之间的纽带，并且是整个购物流程中不可缺少的部分，所以快递人员服务的好坏也会直接影响客户的购物体验。在客户与快递人员之间出现问题后，客服人员应主动与快递人员取得联系，尽量帮助客户解决问题，以保证客户能顺利地收到包裹。同时，客服人员也要协调客户与快递人员之间的关系，避免双方矛盾激化。

（4）售后客服。

客户在下单以后，再来咨询关于订单的情况都由售后客服来处理。售后客服的主要工作是解决快递物流、退换货及中差评等问题，主要针对千牛后台显示商家已发货的订单。做好客户的售后工作也是新一轮销售的开始。售后客服处理中差评问题的基本流程如图 1-3 所示。

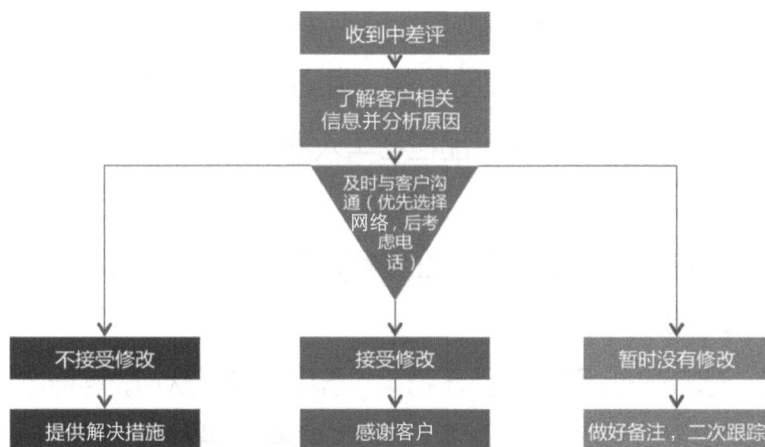

图 1-3

（5）投诉客服。

投诉客服主要负责在交易成功后处理客户的投诉意见及对客户进行回访等工作。

投诉客服在处理客户的投诉意见时要尊重客户的人格，专心对待客户，用心倾听，从客户角度出发分析客户的实际问题，给客户一定的自主权。请客户参与并共同选择最佳解决途径，让客户感觉到自己得到尊重，可用补偿性方法维护商家与客户的关系。

## 二、电子商务客户服务的作用

电子商务客户服务的作用主要体现在以下几个方面。

### 1．塑造店铺形象

对一个网上店铺而言，客户看到的商品都是一张张的图片，既看不到商家本人，也看不到商品实体，无法了解店铺和商品的真实情况，往往就会对其产生距离感和怀疑。这个时候，客服人员就显得尤为重要了。客户在产生疑问的时候往往通过与客服人员沟通来了解这些真实情况。

客服人员代表的是整个店铺，如果客服人员的态度非常好，那么客户就会觉得这是一家热情、温暖的网店；如果客服人员态度不好，客户就会觉得这是一家没有人情味的网店，不会再光顾。所以，客服工作做得是否到位会直接影响店铺的整体形象和口碑。可以说，客服人员发送的每一个笑脸或每一句问候，都能让客户感到温暖，并让自己在客户心中树立一个良好的形象。

## 客服典例

春节快到了，客户去某淘宝店铺购买礼品，准备过年带回老家。客户询问店铺客服人员店铺是否有适合中老年人吃的食品，并说明父母牙齿不好，太酸太甜的都吃不了。

客服人员一：有的有的，某某产品在老年人群中非常受欢迎，别人家过节都涨价了，只有我家是原价。

客服人员二：有的有的，某某产品在老年人群中非常受欢迎，酸甜适度，入口即化，非常适合牙齿不好的老人吃。

客服人员三：有的有的，某某产品在老年人群中非常受欢迎，难得过年回家，孝敬父母是应该的，我给您打个八折，算是对老人的一点心意。另外，我这还有适合老人吃的饼干，送两包给您品尝一下，如果父母喜欢，下次再买。辛苦一年了，回家路上多保重！

### 2. 提高店铺销售量

客户成交一般有两种方式：一种方式是通过阅读商品描述详情页面，客户在对商品有了认知后，在没有咨询客服人员的情况下直接下单；另一种方式是客户在咨询客服人员后再下单。数据分析发现，一般来说，咨询过客服人员的客户，其客单价往往比直接下单的客户的客单价要高。

很多客户在购买商品之前，会针对自己不太清楚的内容咨询客服人员。有时候客户本身对商品不一定有什么疑问，只是想确认一下商品是否与描述的相符，与客服人员的沟通就能打消很多顾虑，促成交易。一位拥有良好专业知识的客服人员可以帮助客户选择合适的商品，促成其购买行为。对于没有及时付款的客户，客服人员的跟进沟通、催付也是提高店铺销售量的手段。

通常来看，我们可以把客服人员分为三个等级：一等客服人员可以发现客户的隐性需求，发掘出更多关联销售的潜在机会；二等客服人员可以关注客户的先行需求，并做出精准推荐，提高成交量；三等客服人员只能卖客户非买不可的商品。

---

**知识拓展**

#### 提高订单成交率的技巧

1. 选择法

假设客户已经有了非常明确的购买意向，在关键的下单时刻却犹豫不决拿不定主意，那么客服人员需要做的就是果断帮客户拿主意，让客户有足够的理由及信心去下单。

2. 欲擒故纵法

有些客户天生优柔寡断，他们虽然对商品有兴趣，可是拖拖拉拉，迟迟做不了决定。这时，客服人员不妨故意做出不在乎的举动，如做出想要结束与他们的对话这种假装告辞的举动，有时会促使对方下决心购买。

3. 反问式法

所谓反问式法，也就是反问式回答，就是当客户问到某种商品，而这种商品正好缺货时，客服人员就得运用反问来促成交易。

### 4．利用客户心理因素

越是得不到、买不到的东西，人们越想得到它、买到它。客服人员可以利用这种"怕买不到"的心理，来促成客户下单。

........................................................................

### 3．提高客户回购率

客户在客服人员的优质服务下顺利完成一次交易后，不仅了解了卖家的服务态度，也对卖家的商品、物流等有了切身的体会。当客户需要再次购买同样商品的时候，就会倾向于选择他所熟悉和了解的卖家，从而提高了客户回购率。

### 4．改善店铺 DSR 动态评分

DSR（Detailed Seller Ratings）动态评分是指在淘宝网交易成功后，客户可以对本次交易的商家进行如下三项评分：宝贝与描述相符、卖家的服务态度、物流服务的质量。每项店铺评分取连续 6 个月内所有客户给予评分的算术平均值。如图 1-4 所示为某天猫店铺的 DSR 动态评分。

图 1-4

目前，淘宝平台对店铺的服务质量有一系列的评分标准，当店铺评分不符合标准时，就会影响店铺商品在搜索结果中的排名，以及参加活动的资质。所以，商家会尽量保证自己店铺的服务类评分达到或者超过同行业的均值。客服人员在售前和售后都会与客户有亲密接触，因此，客服质量的优劣就会直接影响店铺的服务类评分。

淘宝店铺首页会显示店铺综合评分，客户可以通过店铺综合评分来判断店铺的经营状况，以及各种服务指标。平台也会在后台数据中考核店铺的综合评分，以此来判断店铺是否被广大客户喜欢，是否值得把店铺推荐给客户。

## 任务二 认识电子商务客户服务岗位

### 一、电子商务客户服务岗位的职责

电子商务客户服务是基于互联网的一种客户服务工作，是网络购物发展到一定程度后细分出来的一个工种。对任何一家企业而言，客户服务都是至关重要的。那么，电子商务客服人员的岗位职责有哪些呢？

### 1．接待客户

每天通过千牛等平台与客户进行线上沟通，或者通过打电话、发邮件等形式与客户进行直接交流、沟通，帮助客户处理遇到的问题。

### 2．销售商品

根据自己掌握的商品知识，结合客户的需求，运用适当的销售技巧，把商品推荐给客户，最终促成下单。

### 3．解决客户问题

从专业的角度为客户解决交易过程中遇到的各种问题，如商品问题、支付问题、物流问题等。

### 4．后台操作

客服人员的后台操作一般包括交易管理、物流管理、宝贝管理及客户服务等。

### 5．客户信息收集

客服人员负责收集客户信息，了解并分析客户需求，为网店的客户维护和营销提供可靠的客户信息依据。如图 1-5 所示为千牛后台卖家中心，客服人员可以在这里进行相关操作。

图 1-5

### 6．问题收集与反馈

对客户提出的商品及店铺服务等方面的意见和建议进行收集整理，并反馈给相关岗位。

### 7．客户回访

定期或不定期地进行客户回访，以检查客户关系维护的情况，建立客户档案、质量跟踪记录等售后服务信息管理系统，负责发展和维护良好的客户关系。

## 二、电子商务客户服务岗位的礼仪

礼仪，是人们在社会交往中形成的行为规范与准则，具体表现为礼貌、礼节、仪表、仪式等。礼仪是律己、敬人的一种行为规范，是表现对他人的尊重的过程和手段。而掌握服务礼仪则是各行各业的服务人员必备的素质。

### 1．服务礼仪的重要性

在市场经济条件下，商品的竞争就是服务的竞争。随着科技的发展、信息的发达，企业的技术、产品、营销策略等很容易被竞争对手模仿，而代表企业形象的服务意识及由客服人员所表现出来的思想、意识和行为是不可模仿的。怎样把客户服务放在首位，最大限度地为客户提供规范化、人性化的服务，以满足客户需求，是现代企业面临的最大挑战。所以，企业必须在服务上下功夫，才能在同行业中获得持续的竞争力。注重服务礼仪是对客服人员基本的要求。服务礼仪的重要性主要体现在图1-6所示的4个方面。

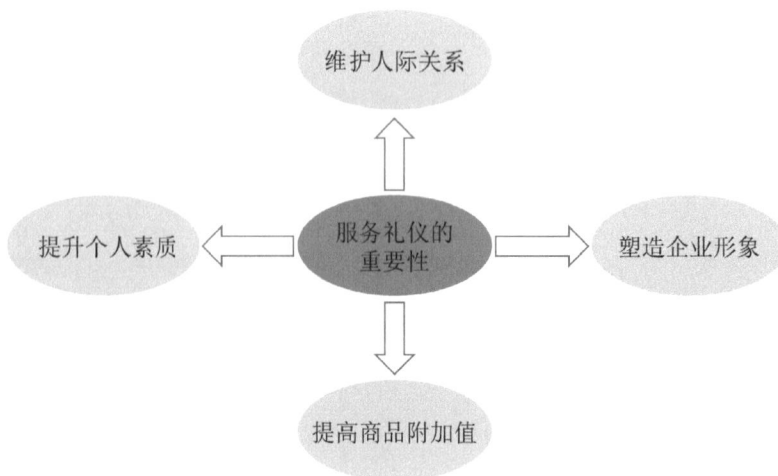

图 1-6

（1）提升个人素质。

注重服务礼仪，可以提升客服人员的个人素质。古人认为，"不学礼，无以立"，人类自古以来就非常重视礼仪的传播和践行。礼仪能使一个人的谈吐更文明、举止更优雅、情趣更高尚，从而帮助个人树立良好形象，提升个人素质。员工素质的高低反映企业管理的整体水平，比尔·盖茨说过："企业竞争是员工素质的竞争。"因此，客服人员注重自身的服务礼仪，有助于提高个人素质和职业竞争力。

（2）维护人际关系。

注重服务礼仪可以维护服务过程中的人际关系。在人际交往中，尊重、以礼待人都是相互的。当你向客户表示尊重时，客户也会以礼相待。尊重能让客户对你产生好感和在心理上得到满足，反之则会让客户产生反感甚至憎恶的心理。服务礼仪是服务关系的润滑剂，在处理客户问题时，客服人员注重服务礼仪能让客户保持冷静，避免不必要的冲突，有助于营造和谐的沟通氛围，与客户建立良好、信任的人际关系，促使问题完美解决。

（3）塑造企业形象。

当今社会，形象是对外交往的门面和窗口，良好的企业形象可以给企业带来良好的经济效益和社会效益。在现代企业管理中，企业特别注重员工的内在素质和外在形象，要求每一位员工都要有强烈的形象意识，应认识到个人形象代表企业形象，个人的所作所为就是企业典型的活体广告，是企业形象和文化的综合体现。员工只有具备良好的服务礼仪素养，才有利于提升企业形象。

让客户满意、为客户提供优质的商品和服务，是企业塑造形象的基本要求。服务的过程不仅是商品与货币的交换过程，也是客服人员与客户之间情感交流的过程。一句亲切的问候，一次理解的微笑，犹如春风吹暖客户的心，缩短了客服人员与客户的距离。在一定意义上，规范化的服务礼仪能够最大限度地满足客户在服务中的精神需求。

服务礼仪展示了企业的文明程度、管理风格、道德水准，从而塑造了良好的企业服务形象。

（4）提高商品附加值。

现代市场竞争是一种形象竞争。高素质员工提供的高质量服务有助于企业创造更多的经济效益和社会效益，同时有利于提升企业的文化内涵和品牌效应。因此，每一位员工的礼仪修养无疑会发挥十分重要的作用。

许多企业家认为：企业活力=商品力+服务力。在商品自身差异越来越小的今天，服务的特色已经成为许多企业的核心竞争力之一。服务礼仪不仅能强化企业的道德要求，还可以树立优质服务的企业形象。虽然服务是无形的，但是可以体现在服务人员的一举一动、一言一笑之中。因此，服务礼仪是企业无形的广告，在提高服务质量的同时，还可以树立良好的企业形象，提高商品附加值。

## 2. 电子商务客户服务礼仪

电子商务客服人员在为客户提供服务时应时刻注意自己的服务礼仪，要态度诚恳、亲切，多用敬语、谦语，掌握谈话分寸，注意交谈忌讳。

（1）态度诚恳、亲切。

人们常说，态度决定一切。电子商务客服人员的态度代表着网店的态度，也决定了他们的工作质量。这就要求客服人员要端正心态，以"为客户服务是一种荣幸"的态度去和客户沟通。客服人员通过文字将积极、诚恳的态度传递给客户，客户感受到客服人员的热情，自然也会真心与客服人员交谈。如果客服人员以消极的态度对待客户，就容易得罪客户，客户也会拒绝甚至离开，这会使网店在客户心目中的形象一落千丈。

客服人员可以多用"亲""咱们"等网络用语来拉近和客户之间的距离，增加亲切感。当客户咨询时，不要简单回答"您好，有什么需要帮忙吗"，这看似简单的一句话却一下子让气氛变得严肃起来。热情的客服人员会选择另一种回答方法："亲，您来了，等您很久了呢，不知这次又有什么可以帮到您呢？"这种回答方法会第一时间让客户产生一种熟悉感，并让客户感受到你的热情，对店铺产生好印象，从而更容易促成交易。

（2）多用敬语、谦语。

常言道："良言一句三冬暖，恶语伤人六月寒。"客服人员在沟通过程中要注意对客户多用敬语，对自己多用谦语，给客户宾至如归的感觉，提高客户转化率。

客服人员在交流时要将"您好""请稍等""对不起""谢谢您""不客气"等礼貌用语挂在嘴边，做到"'请'字不离口，'谢'字随身走"。在不同的时间段或者节假日，客服人员还要适当地添加问候语，如"早上好""新年好""节日快乐"等。

客服人员在提供服务时应多用谦语，如"请问我能为您做点什么""很荣幸能为您效劳"，杜绝使用"不行""那不是我的工作""我现在很忙""你找别人吧"等禁用语。

（3）掌握谈话分寸。

电子商务客服人员在与客户交谈过程中，要明确哪些话不该说、怎样表达才不会引起客户反感，这是服务礼仪中应该注意的问题。一般来说，应该多说善意的、诚恳的、赞许的、礼貌的、谦让的话语，不应该说恶意的、虚伪的、贬斥的、无礼的、强迫的话语。只有掌握好说话的分寸，才能获得好的效果。

比如，在拒绝客户议价时，客服人员不要直接跟客户说"不行，不能再优惠了"，而要以婉转的方式告知客户，如"亲，真的非常抱歉，这已经是我们让利的最低价了，明天活动一过就恢复原价哦！您要是喜欢就赶紧下单吧！小二这边帮您申请多送一个小礼品。"这样客户下单的概率就会提高了。

再如，客户在使用商品过程中出现问题向客服人员抱怨时，客服人员不可立即撇清责任，责问客户是不是操作出错，那样会激发客户的怨气，不利于解决问题。客服人员首先要做的是稳定客户情绪，接着询问具体状况并记录下来，再分析问题所在，并细心为客户解疑。即使是客户使用方法错误，也要耐心地向客户讲解商品的使用步骤和方法，让客户认识到是自己的原因，不是商品的质量问题。同时，还要谨慎、灵活地使用网络语言，把生硬的传统用语转化为鲜活的网络语言，这能让客服人员和客户之间的谈话变得轻松一些，缓解交易气氛。比如，"肿么了""有木有""嘿嘿"这些网络语言就显得活泼多了，也可用一些表情符号，让客户感受到你的微笑。但需要注意不要使用"呵呵""切"这种看似敷衍、轻视的网络语言。

（4）注意交谈忌讳。

电子商务客服人员在与客户沟通时，要时刻记住自己的职业，有时尽管错在客户，也不要与客户争辩。要知道，与客户争辩解决不了任何问题，即使占了上风，也只会招致客户反感，丢掉生意。

客服人员不要对客户指手画脚，忌用质问或命令的语气与客户交流，要态度和蔼，用征询、协商或请教的语句与客户交流。在交流过程中还要注意不宜提及客户的个人隐私，如年龄、婚姻、收入状况、经历、信仰等。

## 三、电子商务客服人员的基本素质

一名合格的电子商务客服人员除了要熟练地掌握业务知识、耐心地向客户解释、虚心地听取客户的意见，还应具备哪些素质和能力呢？

### 1. 丰富的语言表达能力

客服人员应能够较好地表达自己的意思，便于在跟客户交流过程中推销自己的商品。语言表达是个人思想的外在体现，也是个人情感的流露，每个人都可以通过后天的锻炼来提高自己的语言表达能力。一般来说，提高语言表达能力的方法主要有以下几种。

（1）拥有自信。

客服人员在表达自己的意思时一定要拥有自信，只有敢于将自己的想法讲出来，才能消除胆怯。

（2）大声朗读。

朗读是锻炼语言表达能力的一种有效方法。在朗读时可以调整自己的语调、语气，能够改善吐字不清的现象。

（3）借鉴他人经验。

"三人行，必有我师焉。"客服人员多与周围语言表达能力强的朋友、同事交流，可以提高自己的语言表达水平，同时还能吸取他们好的语言表达方式，使自己受益匪浅。

### 知识拓展

- 当客户进入网店咨询时，客服人员可以回复："（微笑图片）☺您好！×××欢迎您，很高兴为您效劳！"

- 当客户遇到问题时，客服人员可以说："亲，请不要着急！我们会帮您处理好的！"

- 当客户要求改价时，客服人员可以说："亲，请稍等，马上就会改好！"

- 当客户要求改价付款时，客服人员可以说："请稍等……我马上帮您改！"

- 当改好价格通知客户付款时，客服人员可以说："亲，让您久等了，价格已改好，付款后我们会尽快安排发货！"

- 当客户完成付款时，客服人员可以说："合作愉快🤝，欢迎下次再来哦，亲！"

#### 2. 良好的心理素质

客服工作是不断与客户接触和沟通的过程，在这个过程中客服人员可能会遇到各种各样的人或问题，这就要求客服人员要拥有良好的心理素质。良好的心理素质能够让客服人员始终保持高度的工作热情与自豪感，能够让客服人员通过积极的方式来化解矛盾，解决疑难问题，最终成为一名优秀的客服人员。

良好的心理素质不仅仅是指客服人员自己的心理，还要求客服人员具有洞察客户心理的本领，随时抓住客户的心。一般来说，客服人员可以从以下 3 个方向提高自己的心理素质。

（1）处事不惊。

当遇到突发事件，自己与客户意见不合并发生冲突时，客服人员一定要保持冷静，客观有效地控制事件的发展，不要给客户留下不好的印象。

（2）增强受挫能力。

任何人都会遇到一定的问题，客服人员也不例外。当遇到挫折和失败时，客服人员不要灰心，应保持积极进取、永不言败的良好心态，增强自己的受挫能力。

（3）善于控制自己的情绪。

沟通是双向的，如果客服人员在与客户沟通的过程中言辞激烈、出言不讳，不仅会使自己处于劣势，还会给自家店铺形象抹黑。当遇到客户抱怨或责骂时，客服人员要控制和调节自己的情绪，以理性和客观的言辞来应对。

### 3. 客服人员沟通的心态

客服人员每天会面对形形色色的客户，也会遇到很多意想不到的事情，有开心的，也有不开心的，这些都是客服人员在工作中不可避免的。但无论遇到怎样的人或事，客服人员都必须竭尽全力地得到客户的肯定。因此，作为一名合格的客服人员，强大的内心和良好的心态是必不可少的。

（1）关心。

客服人员要有一颗温暖他人的心。无论商品的外观、价格多有吸引力，无论商品的详情页做得多细致，许多客户在网上购买商品时，还是会通过聊天工具与客服人员直接进行沟通，向客服人员咨询商品的信息。

客服人员在面对客户的疑问或不解时，首先要屏除自私、自我、自大的心态，然后主动关心客户的难处和需求，积极解决他们的难题，要像朋友一样去关心客户，让客户感受到温暖和关怀。

（2）主动性。

客户在购物过程中遇到的任何问题，客服人员都有责任主动帮助他们去解决。同时，客服人员还应对客户的购物流程进行跟踪，客户有任何疑问，客服人员都应及时、主动地与客户进行沟通，增强与客户之间的信息互动。

- 主动救援：若客户在选购商品时出现疑惑，如材质不清楚，客服人员要主动解答，帮助客户消除各种疑问，促使交易继续进行。
- 主动反馈：客服人员要在第一时间向客户反馈信息。客户咨询的一些问题，如果客服人员无法立刻回答，在弄清楚答案后要第一时间为客户解答。

（3）目的性。

客服人员在与客户沟通时，首先要分清楚轻重缓急，优先解决客户的疑问，再进行推荐销售，不要一开始就为客户推荐商品而不顾客户的疑问和喜好。其次，客服人员要注意聊天的时间。与客户的每一次谈话都是有目的性的工作行为，对于毫无购买兴趣的客户，客服人员可以在空闲时间与其进行沟通，挖掘他们潜在的购买需求，但在工作忙时则不可花太多时间在他们身上，而应该去寻找更有可能实现转化的客户。最后，要适时确认客户是否领会自己表达的意思。要善于增强和客户之间的信息互动，不能只顾自己解说，而忽略了客户的意见，同时注意使用正确的讲话方式。总之，客服工作是具有目的性的工作。

### 4．快速应变能力

应变能力是客服人员必须具备的能力，具备快速应变能力是一名客服人员综合素质的过硬表现。开放的网络环境可能会助长部分网民肆无忌惮地发言的不良习惯，当面对一些无理的要求甚至辱骂时，客服人员除了要保持冷静、客观的心态，还需要灵活应对、快速应变。

应变能力可以通过不断与客户打交道来培养。在这个过程中，客服人员要注意保持冷静，不能急于求成，要摸清对方的意图，然后寻找机会"应变"，打乱对方的节奏方能"反败为胜"。

## 任务三　熟悉电子商务客户服务的流程

### 一、电子商务客户服务的流程

#### 1．售前服务的流程

（1）进店问好。

主动对商品进行询问的客户，都是对这款商品有兴趣的潜在客户。售前客服应主动向客户问好，并做到及时答复，礼貌热情，给客户留下好的第一印象。对于客户的咨询，售前客服还要做到及时回复，避免让客户等太久而选择其他店铺。

（2）接待咨询。

接待客户要做到热心引导，认真倾听。在客户询问的时候，售前客服一定要认真对待客户所说的每一句话，通过回复让客户感到你的真诚，通过与客户间的问答还可进一步揣摩客户的心理，了解客户的真实需求，以便在客户犹豫不决时引导其选择更适合他的商品。

（3）推荐商品。

推荐商品要精准、专业。很多时候，客户是需要售前客服推荐商品给他的。售前客服通过了解客户的需求，尽可能地推荐最适合客户的商品。精准地推荐商品不仅有利于促成交易，还可减少售后问题，提高客户的回购率。

（4）处理异议。

售前客服在服务过程中总会遇到客户对推销的商品、交易的方式、交易的条件等提出这样或那样的问题。面对这种情况，售前客服要耐心解释，在必要的时候可采取以退为进的策略来处理客户的异议。比如，客户对价格产生异议，售前客服又无任何权限来修改价格，这时可告知客户已经是最低价了，不能再低了，以给客户一定的压力，但一定要注意表达方式，表达时可以用一些俏皮的语言，可爱的表情、图片等，营造轻松、愉快的氛围。

（5）促成交易。

售前客服在解答客户的疑问，打消他们在购物中产生的疑虑后，应尽快促成交易。

**知识拓展**

### 常用的促成交易的方法

1. 利益总结法

客服人员总结并陈述商品将带给客户的利益，从而使问题得到解决。注意条理要清楚，要有针对性地解决客户的问题，全面总结利益，力求表达准确。

2. 前提条件法

提出一个特别的优惠条件，如赠送店铺优惠券、赠送一份小礼品等。但要注意的是，一定要结合店铺的促销政策。

3. 询问法

客服人员通过询问逐渐接近客户的真实需求，然后强调商品带给客户的利益，促成交易。

4. "yes sir"法

客服人员要站在客户的立场为自己说话，有步骤地解决问题。只有把客户的所有问题都解决，建立了信任度，客户才有可能在店里下单。客服人员永远说"是的"，表示认同或理解，之后再用简单的话语来说服客户。

### 2. 售中服务的流程

在售前客服解答客户的各种询单问题后，客户拍下订单，初步表示有意愿购买。

售中服务的流程主要包括引导客户付款、修改价格、核对订单信息、添加备注、查看客户留言等。

（1）引导客户付款。

引导客户付款即常说的催付，是指对于未付款的订单，售中客服要查看与客户的聊天记录，了解其购买信息，然后询问未付款的原因，提供帮助，引导其尽快付款。催付主要有聊天工具催付、电话催付和短信催付 3 种方式。

（2）修改价格。

修改价格是指当因邮费发生变化或其他理由需要修改价格时，在买卖双方达成一致后，客户提交订单，售中客服在权限范围内对价格进行修改。如图 1-7 所示为修改价格的页面。

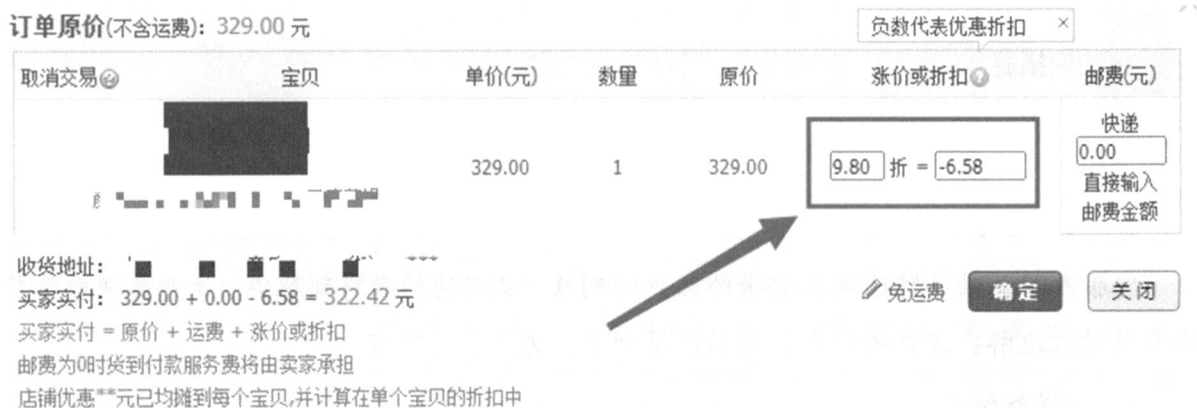

图 1-7

（3）核对订单信息。

客户下了订单，售中客服在收到客户的付款信息后，要通过即时聊天工具或相关通信工具与客户取得联系，确认客户填写的信息是否正确，特别是收货地址、联系人姓名、联系方式、订购的商品信息等，避免因这些信息填写错误而引起纠纷。

（4）添加备注。

售中客服在与客户沟通过程中，或者在核对订单时，如果客户有特殊的要求，应当记录下来，如客户有指定快递、希望赠送一个小礼品、需要售中客服代写一个祝福贺卡等。添加备注可以在咨询接待的任何时候进行，最好在和客户达成一致后立刻备注，避免因客服工作繁忙而忘记，从而失信于客户。

售中客服添加备注信息的方式有两种：（1）在聊天窗口备注信息；（2）在"已卖出的宝贝—订单详情"备注信息。备注信息可以填写备注内容，还可以按习惯或约定选择不同颜色的旗子，标记的信息仅卖家可见，仓储人员在发货之前都会看备注。

（5）查看客户留言

客户的留言在即时聊天软件的工作界面和卖家交易中心都会有标识，售中客服可以随时查看。

### 3．售后服务的流程

（1）退换货处理。

在商品售出后，部分客户会因为个人原因或商品原因要求退换货。售后客服要熟悉退换货原则，在安抚客户情绪的同时，耐心地协助客户完成退换货操作。售中客服在收到客户寄回的包裹后要认真检查商品，如无问题，需要换货的要重新给客户寄出商品并告知客户快递单号，需要退货的要第一时间退款给客户并告知客户查收。退换货处理信息要及时做好登记以备查询。退换货处理信息记录表如表 1-1 所示。

表 1-1

| 客户信息 | 退回商品 | 原因 | 调换商品 | 订单号码 | 快递单号 | 运费承担方 | 受理客服 |
|---|---|---|---|---|---|---|---|
|  |  |  |  |  |  |  |  |
|  |  |  |  |  |  |  |  |
|  |  |  |  |  |  |  |  |

（2）投诉处理。

对客户投诉的处理十分重要，处理结果会影响客户的评价，同时影响商品和店铺的排名。在接到客户投诉的时候，售后客服要在第一时间安抚客户的情绪，尽快寻找一个最佳的解决办法。

**知识拓展**

#### 客户投诉的常见类型

● 商品质量投诉

商品质量投诉是指由客户购买了存在质量问题的商品而引起的投诉。针对这种情况，如果客户所述情况属实，售后客服应先赔礼道歉，请求客户谅解，同时对客户监督商品质量的行为表示感谢，希望客户以后多建议、多监督，最后视具体情况给客户退换货。

● 服务质量投诉

由商品价格存在差异或客服人员服务态度不好等引起的投诉均属于服务质量投诉。针对这种情况，若客户所述情况属实，售后客服应及时向客户赔礼道歉，并向客户解释价格变动的原因，可视具体情况给予客户一定的补偿。

（3）反馈处理。

部分客户在购买商品后，在使用过程中会对商品有意见，就会进行意见反馈。售后客服要对客户反馈的信息进行处理，利用客户反馈的信息对商品及服务进行提升。

（4）客户关系维护。

客户关系是指企业为达到经营目标，主动和客户建立起来的某种关系。客户关系的维护是售后客服要做好的一项重要工作，包括及时回访、赠送小礼物、赠送抵用券等。

## 二、在线沟通工具

帮助客户顺利地完成线上交易是客服人员主要的工作职责。在交易过程中，客服人员需要运用平台提供的交流工具和客户进行交流，打消客户购物的疑虑。此外，还要通过后台操作帮助客户修改价格、备注留言等。所以，熟悉使用在线沟通工具、熟悉后台操作是所有客服人员必备的工作技能。

### 1. 电脑版千牛工具的使用

千牛是客服人员使用的最重要的工具。千牛不仅具有聊天、接单功能，而且还具有其他强大的功能。通过千牛，客服人员可以进行交易管理、商品管理、评价管理、物流管理等操作。千牛的功能多，便于使用，而且千牛聊天记录是淘宝网在处理买卖双方纠纷时官方认可的申诉证据之一。淘宝网店的客服人员必须通过千牛与客户交流。如图 1-8 所示是电脑版千牛的下载页面。

图 1-8

千牛有电脑版和手机版两个版本，功能基本一致，只是界面和使用场景有所不同。电脑版千牛被安装在台式电脑或者笔记本电脑上使用，功能很强大，可以完成店铺管理、商品管理、订单处理及客户交流等工作。

（1）安装及了解电脑版千牛。

步骤 1：在浏览器中搜索千牛，进入 PC 端千牛官网，根据自身电脑的操作系统选择相应的版本，单击"下载"按钮，如图1-9所示。

图 1-9

步骤2：在下载完成后，按照提示安装，如图1-10所示。

图 1-10

步骤 3：在安装完成后，立即运行千牛，在其中输入已申请的淘宝账号和密码，单击
"登录"按钮，即可登录千牛，如图1-11所示。

图 1-11

（2）功能说明。

电脑版千牛主要由接待中心、消息中心、工作台和搜索 4 部分组成，如图 1-12 所示。

图 1-12

- 接待中心：单击工具条中的"接待"按钮，便可打开聊天界面，客服人员主要通过该界面完成与客户的沟通工作。接待中心主要由联系人窗格、聊天窗格和信息窗格 3 部分组成，如图 1-13 所示。

图 1-13

- 消息中心：单击工具条中的"消息中心"按钮，打开如图 1-14 所示的"消息中心"界面，其中显示了可以接收到的各种系统消息，如商品消息、千牛消息及售后服务等。

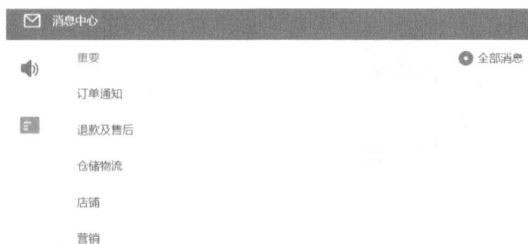

图 1-14

- 工作台：单击工具条中的"工作台"按钮，打开"千牛卖家工作台"界面，该工作台由交易管理、营销中心、物流管理等组成，如图 1-15 所示。客服人员掌握工作台中与交易相关的一些功能是十分必要的。

图 1-15

- 搜索：单击工具条中的"搜索"按钮，便可打开搜索栏，在其中可以对常用功能、网址、应用程序等进行查找并快速打开，如图 1-16 所示。

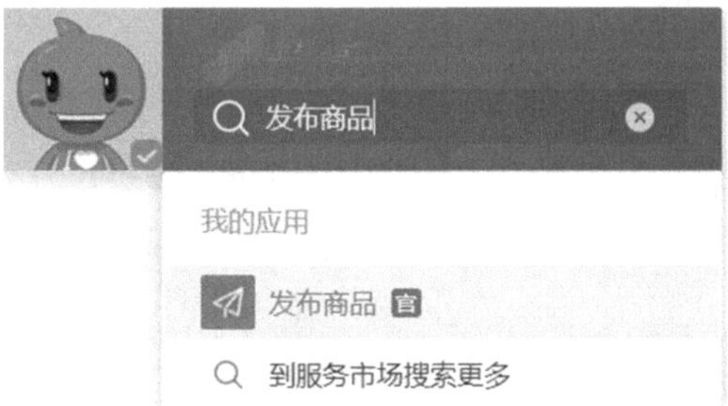

图 1-16

## 2. 手机版千牛工具的使用

手机版千牛工具的功能也很丰富，并且使用方便。在手机中安装手机版千牛后，客服人员可以随时随地与客户进行沟通，还可以查看网店状态和处理订单。

首先，在手机应用市场中查找"千牛"并下载，如图 1-17 所示。

图 1-17

其次，打开千牛 App，点击"登录"，如图 1-18 所示。

手机版千牛与电脑版千牛的主要功能基本一致，只是界面有所不同。手机版千牛首页下方的按钮从左至右分别是工作台、消息、营销、头条和服务。

（1）手机版千牛的"工作台"上有网店数据及各种插件，插件的名称和功能与电脑版一致，如图 1-19 所示。

图 1-18                                              图 1-19

（2）手机版千牛的"消息"模块可以接收到各种消息。客服人员在这里可以随时和客户交流，进行收发消息、发送商品链接等操作，如图 1-20 所示。

（3）手机版千牛的"营销"模块显示淘宝网店的"高效推广"和"获客转化"等信息，如图 1-21 所示。

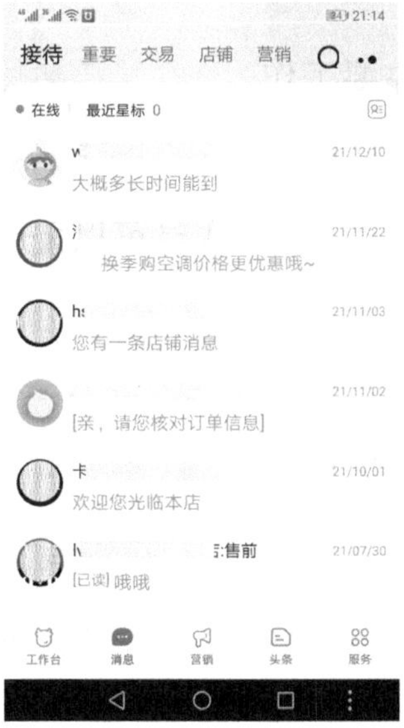

图 1-20

图 1-21

（4）手机版千牛的"头条"模块中包含网店及经营类知识问答，如图 1-22 所示。

（5）手机版千牛的"服务"模块中包含丰富的插件，如活动营销、流量优化、商品上架、商品优化、交易发货、摄影视频、智能客服、客服考核、新客获取、老客复购、店铺装修、直播应用等，如图 1-23 所示。

图 1-22

图 1-23

项目检测

## 一、选择题

1. 修改价格、包邮设置、赠送礼品是（    ）的主要工作。

    A．售前客服        B．售中客服        C．打包客服        D．投诉客服

2. 当准客户问到某种商品，不巧这种商品正好没有时，客服人员可以采用提高订单成交率的技巧中的（    ）。

    A．反问式法                       B．欲擒故纵法

    C．利用客户心理因素            D．选择法

3. 企业对电子商务客服人员的最基本要求是（    ）。

    A．增加销售量        B．提高工作效率    C．注重服务礼仪    D．减少客户投诉

4. 客服人员使用的最重要的工具是（    ）。

    A．QQ           B．微信          C．旺旺         D．千牛

5. 下列不属于电脑版千牛主要构成部分的是（    ）。

    A．接待中心        B．消息中心         C．头条         D．工作台

## 二、简答题

1. 简述电子商务客户服务岗位的职责。

2. 电子商务客服人员如何提高语言表达能力？

3. 电子商务客服人员常用的促成交易的方法有哪些？

## 三、实训题

有的客户在收到商品后隔了很长时间才联系客服人员，找了各种原因要求客服人员为其退货。遇到这种情况，你会怎么处理？

客服新媒

### 客服人员说客服

客服人员小慧：

"作为客服人员，服务态度是非常重要的。在和客户的在线沟通中，我们需要把商品

介绍给客户，同时回答客户咨询的一些问题，回答的时候不但要专业认真，而且要让客户感受到我们的热心和关爱。而网络上的客户是各种各样的，面对不同的客户，我们的服务也是有一些区别的。有的客户比较喜欢你讨好他，有的客户就希望讨论价格，还有客户对商品功能有要求，对不同的客户要采取不同的应对方式，尽最大努力让客户满意，让他们购买我们的商品。"

客服雪丽：

"对商品必须非常熟悉，让客户感到你是专业的。在我们和客户的沟通过程中，如果客户问我们商品的问题，我们回答不上来，或者回答慢了，那么这一单可能就流失了，客户可能就会去问别的人了，或者找其他的客服人员询问。所以在商品方面，我们要很熟悉才行，只有熟悉了自己的商品，才能在推介商品的时候把客户的问题解决，留住客户，让客户下单成交。"

通过客服人员的经验总结，我们对电子商务客户服务这个岗位有了一定的了解。如果客服人员想要在电商行业把工作做好，就必须认真学习业务知识，熟悉品牌和商品方面的知识，通过实践提高自己的工作能力。

所以作为一名客服人员，不仅要具备过硬的专业知识，还要拥有良好的服务意识。有很多客户在看商品的同时，也是在看客服人员的服务和态度。如果公司的商品好，有客户过来咨询问题，却遇上了客服人员的冷漠和怠慢，那么客户就有可能不会下单，甚至还有可能会投诉。所以无论面对多么挑剔的客户，客服人员都要做到贴心关爱、热心服务。

# 项目 2
## 运用沟通技巧

沟通是了解和满足客户需求的重要途径。随着电子商务的发展，客服人员与客户的对话移步线上，面对庞大的网购客户群体，客服人员针对不同类别的客户要有不同的沟通技巧。客服人员只有通过认真且有效的沟通，才能明白客户需要什么样的帮助和服务，从而对症下药，帮助客户解决各种疑问，提升网店形象。因此，作为一名优秀的客服人员，掌握与客户沟通的相关技巧是必不可少的。

### 学习目标

- 素质目标

1. 牢固树立吃苦耐劳的劳动意识和客户至上的服务意识；

2. 培养诚实守信、服务社会的职业精神和精益求精的工匠精神；

3. 树立一切从客户出发、为客户着想的服务态度。

- 知识目标

1. 了解常见的客户购买心理及应对策略；

2. 掌握客户沟通的原则和技巧；

3. 理解不同消费群体的心理差异；

4. 掌握挖掘客户需求的策略；

5. 掌握打消客户疑虑的方法。

- 能力目标

1. 学会分析各种类型客户的购买心理；

2. 能够针对拥有不同购买心理的客户开展良好沟通；

3. 能够运用各种策略挖掘客户的购买需求；

4. 能够分析并打消客户的疑虑，促进客户购买。

**案例导入**

**挖掘客户的购物需求，打破沟通障碍**

小佳想在妍美旗舰店购买一款合适的面膜，于是她咨询了该店客服人员小雅。

小佳："在吗？"

客服人员小雅："您好！欢迎光临妍美旗舰店，我是您的专属导购小雅，请问有什么可以帮到您吗？"

小佳："我想买一款面膜，可以推荐一下吗？"

客服人员小雅："请问您是什么肤质呢？不同的面膜适用不同的肤质！"

小佳："我平时皮肤有些过敏，总觉得有些痒痒的。"

客服人员小雅："亲，那您属于敏感肌，我为您推荐咱家这款专门针对敏感肌肤的面膜，这款面膜能缓和皮肤的敏感性，非常温和，您点击下方链接就可查看宝贝的详细信息！"

小佳："这款真的对过敏肤质有帮助吗？"

客服人员小雅："亲，咱家每款商品都通过了严格的检验，质量有保证，商品都有针对性，而且咱家有过敏包退服务，请放心选购。"

小佳："好的，那我就选这款试试。"

客服人员小雅："咱这边看到亲还不是咱家的会员呢，您可以点击下方链接注册咱家的会员，领取十元优惠券，此单可以立马抵扣！"

小佳："好的，那我注册一下。"

客服人员小雅："好的呢亲，您放心，有关会员信息我们会严格保密的，而且作为会员，可参加本店很多的促销让利活动，还有小礼物可赠送！请您多多关注咱家店铺！"

小佳："好，什么时候能发货呢？"

客服人员小雅："现在下单今天就可以发货，请您放心，我会督促仓储人员尽快发货！"

小佳："好的，我付款了"。

小佳在客服人员小雅的指导下，愉快地完成了这次网络购物。

**案例思考**

在案例中，客服人员小雅在挖掘客户需求时采用了哪些方法？又成功运用了哪些沟通技巧？

## 任务一　分析客户的购买心理

### 一、客户的购买心理及应对策略

"知己知彼，百战不殆。"在一项交易达成前，客户的心理往往复杂多变但又有规可循。只有明白客户想什么、要什么，客服人员才能让自己的推销更有针对性，切实地抓住客户的需求，提高交易成功的概率。在电子商务飞速发展的时代，抓住了客户就是抓住了商机。如果能够掌握客户的购买心理，"对症下药"，就能愉快、顺利地完成交易。一般来说，客户普遍存在着以下几种购买心理。

#### 1. 求实心理

**特点**：以这种心理为主的客户在选购商品时，不过分强调商品的美观悦目，而以朴实耐用为主，对商品的品质比较挑剔，会进行多家比对来挑选物美价廉的商品。客户的核心诉求是"实用"和"实惠"。

这是客户普遍存在的心理动机。在成交过程中，客户的首要诉求便是商品必须具备使用价值，追求商品的实用性。

**对策**：突出使用价值。

拥有求实心理的客户相对理性，有自己的见解和看法，不易受他人的影响。在面对这类客户时，客服人员应体现自己的专业性，详细地介绍商品的价格、性能、效果等，突出"实惠""耐用"等字样，运用赞美、对比的方法，增强商品在客户心中的可买性，如图 2-1 所示。

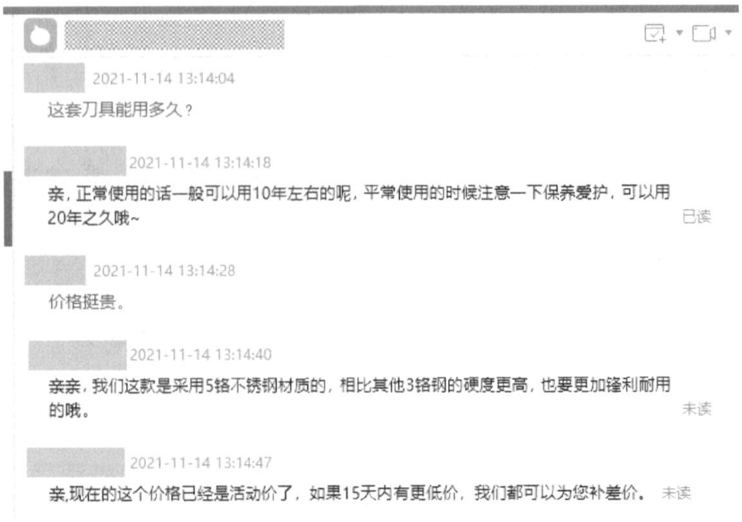

2021-11-14 13:14:04

这套刀具能用多久？

2021-11-14 13:14:18

亲，正常使用的话一般可以用10年左右的呢，平常使用的时候注意一下保养爱护，可以用20年之久哦~　　已读

2021-11-14 13:14:28

价格挺贵。

2021-11-14 13:14:40

亲亲，我们这款是采用5铬不锈钢材质的，相比其他3铬钢的硬度更高，也要更加锋利耐用的哦。　　未读

2021-11-14 13:14:47

亲，现在的这个价格已经是活动价了，如果15天内有更低价，我们都可以为您补差价。　　未读

图 2-1

## 2．求名心理

**特点**：这类客户在选购商品时，特别重视商品的品牌和象征意义，以显示自己的身份地位和威望，或炫耀自己的非凡能力，从中获得满足感，不太在意价格，对名牌有一定的信赖感，觉得其质量信得过。其核心诉求是"炫耀"。

**对策**：突出品牌价值。

拥有求名心理的客户，往往都追求面子。在面对此类客户时，客服人员应向其传递足够的品牌信息，让客户全方位了解商品的品牌优势，把品牌的象征意义告诉客户，突出品牌价值，赞美其消费理念，不失时机地引导客户，顺着客户的意愿促成交易。

## 3．求美心理

**特点**：拥有求美心理的客户在选购商品时不以使用价值为宗旨，而是追求商品的包装、款式、颜色、造型等外在价值，强调商品的艺术美。其核心诉求是讲究"装饰"和"漂亮"。

具有此类心理的客户偏年轻化，喜欢追求时尚和潮流，在挑选商品时，特别注重商品本身的造型美、包装美。

**对策**：突出外在优势。

这类客户以追求商品的美感为主要目的。针对拥有求美心理的客户，客服人员要推荐适合他们的商品，尽可能地展现商品的款式等外在优势，给客户直观的美的感受，强调商品的时尚感和潮流感。例如，服装、首饰类网店的客服人员应从商品的"造型搭配""时尚单品"等方面着手，刺激客户做出决策，并对客户的眼光给予夸奖和肯定。

## 4．求新心理

**特点**：拥有求新心理的客户在选购商品时尤其重视商品的款式和眼下的流行样式，大多喜欢新推出的商品，寻求商品的新功能、新花样、新款式，追求新享受、新乐趣和新刺激，追逐新潮，标新立异。对于商品是否经久耐用及价格是否合理，不太考虑。其核心诉求是"时髦"和"奇特"。

**对策**：推陈出新。

这类客户容易冲动消费。作为客服人员，要找到商品的新奇点，并突出"时髦""新颖""奇特"等字眼，满足客户的求新、求异心理，在有商品上新时可以为其推送链接并说明商品的创意点，只要稍加引导，就容易使他们下定购买的决心。

## 5．求利心理

**特点**：拥有求利心理的客户在选购商品时，往往要对同类商品的价格进行仔细的比较，精打细算，喜欢选购打折或处理商品，希望获得商品最大的使用价值。具有这种心理的客户以经济收入较低者居多，对价格比较敏感，对开展促销活动的特价商品情有独钟，喜欢讨价还价、获得赠品。只要价格低廉、质量合格，这类客户对其他一切都不太在意。其核心诉求是"廉价"。

**对策：突出优惠。**

对于拥有求利心理的客户，客服人员应合理地推荐特价商品或优惠力度较大的商品，在客户反复要求降价时，适当地给以一定的优惠或者折扣，如图 2-2 所示。如果价格不能再让利，可以用赠送礼品或者以收货后现金回馈的方式，让利客户。

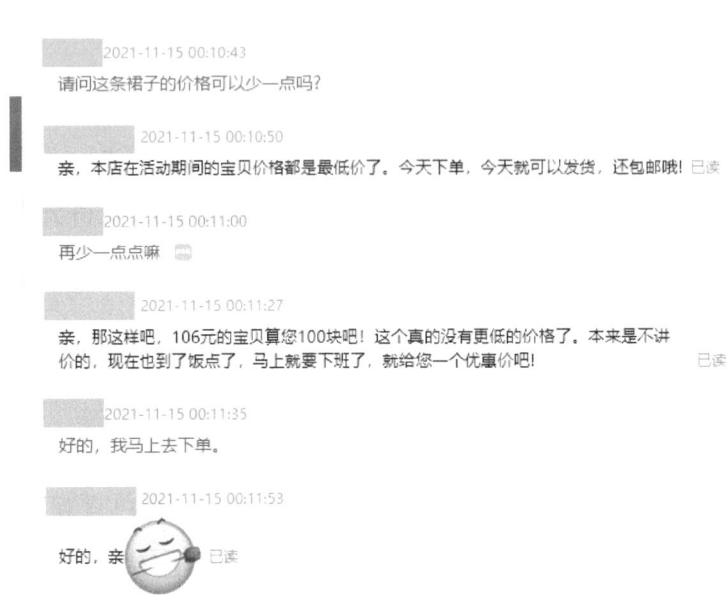

图 2-2

### 6．求安心理

**特点：**拥有这种购买心理的客户对商品的首要关注点是安全，追求商品的安全和舒适；其次是价格、款式等方面。拥有这种心理的客户有极强的自我呵护和健康意识。尤其像衣物、食品、药品、洗涤用品、卫生用品、电器等商品，不能出现任何安全问题。因此，他们非常重视衣物的面料、食品的保质期、药品的功效等。具有这类心理的客户会反复向客服人员确认商品的安全问题，在客服人员解说、给予保证后，才放心地购买商品。其核心诉求是"安全"。

**对策：强调安全。**

当遇到有求安心理的客户时，客服人员需要从商品材料、质量保障、安全级别等方面为客户解释商品的安全性，强调商品"安全环保"，主动介绍商品的适用人群及使用注意事项等，以专业、亲切、真诚的态度打消客户的疑虑，灵活应对客户的各种问题，如图 2-3 所示。

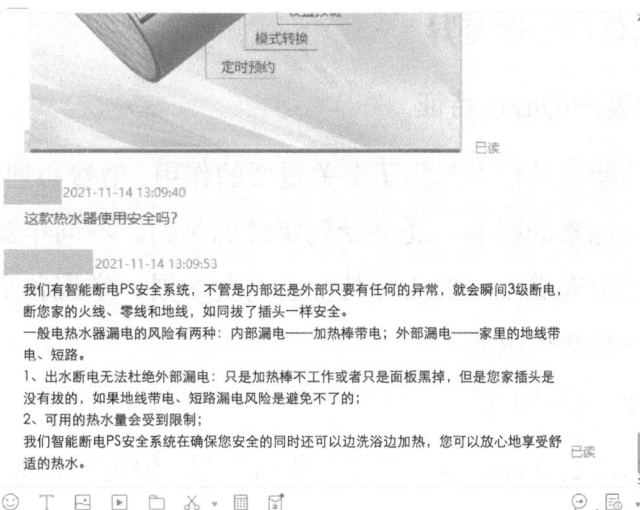

图 2-3

## 7. 从众心理

**特点：**有从众心理的客户在购买商品时容易受群体的影响，在很多购买决策上，会表现出从众倾向：购物时喜欢销量多的商品；在选择品牌时，偏向那些市场占有率高的品牌；在群体的压力下，会购买一些自己不需要的商品。其核心诉求是"合群"和"随大流"。

从众心理也叫羊群效应，经济学里经常用"羊群效应"来描述经济个体的从众跟风心理。从众心理很容易导致盲从。

**对策：**突出销量。

面对此类客户，客服人员最应该做的是用数据说话，以及举例说明其他客户的商品体验等，从而引发客户的从众心理。

---

**小提示**

除了以上较为常见的购买心理，客户还会因经济条件、生活习惯、性格爱好、文化水平、民族宗教等不同，表现出不同的购买心理，如自尊心理、疑虑心理等。因此，客服人员还应在实践中不断对客户的购买心理进行研究分析，根据每个人的不同情况采取不同的销售策略，为客户提供更好的体验，提高成交率和客户回购率。正所谓"心战为上，兵战为下"，抓住客户的购买心理实在是太重要了。在洞悉了客户常见的购买心理之后，客服人员还需要有针对性地采取应对策略。客服人员采取的应对策略是否积极有效，对交易的成功与否起着决定性的作用。

## 二、不同消费群体的心理差异

### 1. 不同年龄阶段客户的心理特征

消费心理在客户的购买过程中起到了至关重要的作用，消费心理除了会受到经济水平、风俗习惯、兴趣爱好等因素的影响，还会受到年龄的制约。不同年龄阶段的客户有不同的人生感悟和阅历，必然会有着不同的心理特征和消费习惯。掌握各个年龄阶段客户的心理特征，对客服人员来讲是必须做的。

（1）少年客户群体（0~14 岁）。

该阶段为少年儿童消费群体。其购买能力普遍不强，但他们已经具备初步的消费意识，在消费时易产生攀比的消费心理。

① 消费结构升级。从纯生理性的需要逐渐发展为带有社会性质的需要，为满足成长性需要的消费所占比重增加，在儿童消费品中娱乐用品所占比重较大。

② 易跟风消费，追逐潮流。少年客户群体由于模仿动机较强，喜欢与成年人比较，易产生从众心理、跟风消费，易被明星同款所吸引，如图 2-4 所示。

图 2-4

③消费水平较低。少年客户群体对消费品的购买主要依赖其父母，但其个人的消费意识逐渐增强，独立购买意识逐渐形成。

（2）青年客户群体（15~35 岁）。

该阶段的客户已具有自主的购买能力，是网上购物的主力军，购买行为具有较强的扩散性。这一群体在消费时产生的消费心理表现出以下特征。

① 时尚感强，感觉敏锐。该阶段的客户自我需求强烈而多样，勇于创新，乐于尝试新事物。他们是新商品、新的消费方式的追求者，喜欢拥有独特风格的商品，购买的商品的类型十分广泛。

② 缺乏理性，超前消费。该阶段的客户在消费过程中一方面会表现出按计划购买，但另一方面往往会冲动消费，他们的消费心理易受到大众的影响。超前消费是该消费群体的一个重要特点。

（3）中年客户群体（36～55 岁）。

该阶段的客户经验丰富，计划性强，其消费心理主要表现为以下几个方面。

① 理智消费，注重实用。该阶段的客户由于生活经验日益丰富，情绪反应一般比较平稳，很少感情用事，大多会以理智来支配自己的消费行为。因此，他们在消费时比较仔细，注重商品的实用性，不会像青年客户群体那样易产生冲动的购买行为。

② 稳定性强，精打细算。客户在该年龄阶段已形成较稳定的消费习惯，很少会做出大的改变；会按照自己的实际需求购买商品，注意节俭；对商品的质量、价格、用途、品种等都会详细了解；逐步追求消费品质，坚持主见，不易受外界影响 。

（4）老年客户群体（56 岁以后）。

老年客户群体的消费习惯已相当稳定，他们注重健康保养，需求结构发生变化。

① 注重品质。老年客户的视觉、听觉、味觉、嗅觉、触觉等各项机能较年轻时明显下降，对冷暖等外界刺激较为敏感，这使得他们会越来越注重商品的品质。其对消费品的需求，从可选范围广泛、品种繁多逐渐集中到他们最需要、最感兴趣的商品上。老年人注重健康保养，对保健类商品的品质会关注较多，如图 2-5 所示。

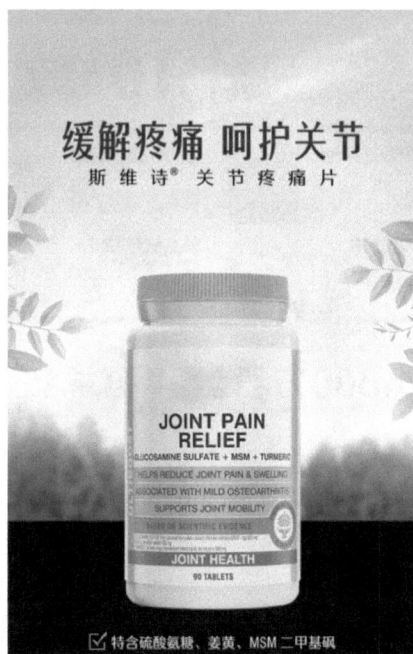

图 2-5

② 坚持已见。老年客户在消费时大多会有自己的主见，而且十分相信自己的生活经验和智慧。即使听到商家的广告宣传和别人介绍，也要先进行一番分析，以判断自己是否需要购买这种商品，较难被说服。

**2. 不同性别客户的心理特征**

男性客户与女性客户在购物风格上有很大的差异，因而在消费时有着较大的区别。客服人员必须对形形色色的客户的心理有深刻的了解，才能将商品顺利地销售出去。

（1）女性客户群体。

① 具有较强的主动性、灵活性。女性客户的消费力较强，消费意识较灵活，如原打算购买某种商品，若商家无货，这时女性客户会寻找其他适合的替代品，完成购买行为。

② 注重商品的细节和外观设计。女性客户的心理特征是感情丰富、细腻，心理活动变化较快，富于幻想、联想，喜欢美的事物，因此在购买时非常注重商品的细节和外观设计，愿意花费时间进行商品之间的比较。

③ 购买动机易受外界因素影响。女性客户的购买动机波动较大，这是因为女性客户的心理活动易受各种外界因素的影响，如商品广告宣传、客服态度及客户评价等，如图 2-6 所示。

图 2-6

（2）男性客户群体。

① 目的明确，决策迅速。男性客户在购买商品时目标明确，整个购买过程迅速果断，在购买商品时力求方便、快捷，不易受外界因素的影响。

② 理智购物，动机不强。男性客户购买活动发生的次数远远不如女性客户频繁，购买

动机也不如女性客户强烈，比较被动，不太会购买购物清单之外的商品。

③ 注重商品的整体质量和使用效果。男性客户在选择商品时不注重商品的外部包装，而注重商品的质量、实用性和档次。

### 3．不同收入水平客户的心理特征

客户的收入水平与其购买能力直接相关，因此不同的收入状况在一定程度上影响客户的消费心理和行为。各收入群体在消费心理和行为上表现出较大的差异，了解不同收入水平的客户的消费心理和行为，有利于客服人员掌握客户的购买行为和规律，更好地服务客户。

（1）低收入客户。

① 消费心理保守。该类客户因收入较低且不稳定，在购物时偏好物美价廉的商品，货比三家，尤其注重商品的实用价值。

② 消费行为谨慎。该类客户消费主要是为了满足基本生活需求，几乎不会购买必需品之外的商品，在消费时精打细算，很少会超前消费或负债消费。

（2）中收入客户。

① 消费心理稳定。在消费方面，该类客户除了满足生存性需要，还能在力所能及的前提下实现一定的享受性消费，适应能力强，具备冒险精神，愿意承担一定的风险，有时会表现出追逐潮流、求新求名的消费欲望。

② 消费行为超前。该类客户的收入已达到一定的水平，具备一定的自由支配能力，会超前消费，不断追求更高层次的消费。

（3）高收入客户。

① 消费心理活跃。消费类型多样，追求个性化和精品化消费，如私人订制、高档奢侈品等，对商品的服务有强烈的精神需求，该类客户在一定程度上能够引领时代潮流。

② 消费行为自由。该类客户的自主消费意识强烈，在一定范围内能够随心所欲地购买商品。

## ▌任务二　熟悉客户沟通技巧▌

### 一、客户沟通原则

与客户沟通是一个富有技巧的过程。每位客户的个性、素质、修养都有差别。当遇到难以应对的客户时，客服人员唯有做好自己，热情有度，不卑不亢，不断积累经验，总结教训，练就良好的心理素质和沟通技巧，才能在沟通中做到游刃有余。

**1．理性沟通原则**

不管与何种类型的客户沟通，客服人员都要保持理性和冷静，不要与客户争辩。客服人员在网店运营的过程中会遇到各种各样的客户。例如，有的过于挑剔，总有问不完的问题；有的言语间对客服人员不太尊重，连提问都采用质问的方式。这些都有可能在沟通过程中让客服人员感到不满。即使客户的行为真的很让人生气，客服人员也一定要保持理性与冷静。

客服人员在有情绪时不要做出决定，因为在有情绪的沟通过程中常常无好话，既理不清，又讲不明，也很容易让人做出情绪化、冲动的决定，导致事情发展到不可挽回的地步，从而丢失客户。如图 2-7 所示为客服人员理智回答和不理智回答的效果对比。

图 2-7

**小提示**

客服人员需要记住，与客户沟通不是参加辩论会，与客户争辩解决不了任何问题，只会招致客户的反感。如果不同意客户的观点就刻意地反驳争论，即使客服人员观点正确，在争论中占尽上风，最后还是会失去客户。所以客服人员要允许客户发表不同的意见，而不要刻意地和客户发生激烈的争论。客服人员要耐心倾听客户的意见，以诚实、宽容的态度面对这些客户，唯有靠理性说服对方，才是解决问题的方法。只有彼此理性地沟通，才能获得良好的效果。

## 2．为客户着想原则

在为客户服务时，客服人员应设身处地为客户着想，多换位思考。客服人员只有站在客户的立场上，从客户的切身利益出发，把自己变成客户的助手，以诚感人，才能促成交易。

当客户表达不同意见的时候，客服人员要力求体谅和理解客户，尽量用"我理解您现在的心情"或者"我也是这么想的"之类的话语来表达，这样客户会觉得客服人员比较重视自己的想法，能够站在自己的角度思考问题。同样，客户也会试图站在客服人员的角度考虑问题。

例如，客户买到的商品不如期望的那么好或者不合适，此时，客服人员应换位思考，假设自己是客户，理解客户所遇到的问题，积极主动地与客户沟通交流，并为客户提供更好的解决方案。

当客服人员不理解客户的想法时，不妨多问问客户是怎么想的，然后把自己放在客户的角度去体会客户的心境。即使与客户产生了争执，客服人员也要先想想自己有什么做得不到位的地方，诚恳地向客户检讨自己的不足，不要先指责客户。

因此客服人员在为客户提供服务时，要设身处地地为客户着想，学会换位思考，多考虑如何节省客户的时间，如何为客户提供方便、快捷的服务，最终让客户满意，如图 2-8 所示。

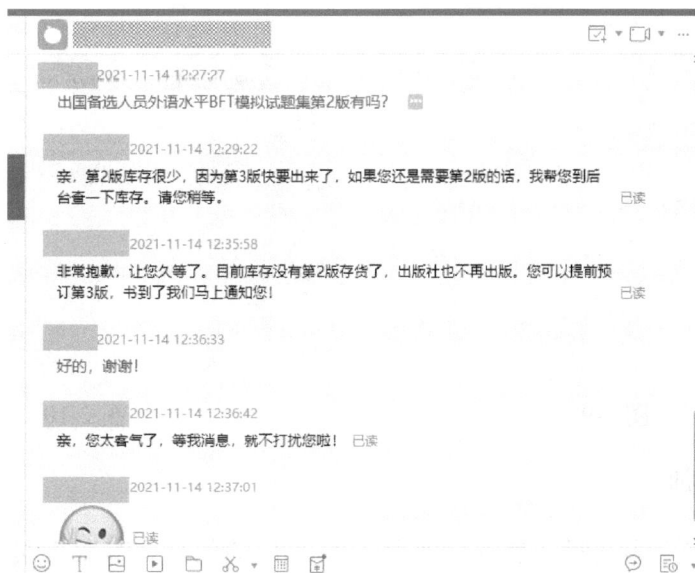

图 2-8

## 3．尊重客户原则

客户对网上购物活动的参与程度和积极性在很大程度上依赖其受到的尊重程度。只有出于对客户的信任和尊重，真诚地视客户为朋友，给予客户可靠的关怀和贴心的帮助，客服人员才能赢得客户。

客服人员始终要坚持客户至上的原则，以百分之百的细心、耐心、诚心做好每一笔交易，让每位客户都有宾至如归的感觉，开心愉快地购物，这样回头客的数量就会增加，同时会带来更多的效益。如果客服人员对客户提出的问题敷衍了事，缺乏耐心，客户自然就会离开，如图 2-9 所示。

如果客服人员细心、耐心地回复客户，真诚地与客户交流，最终会促成交易，如图 2-10 所示。

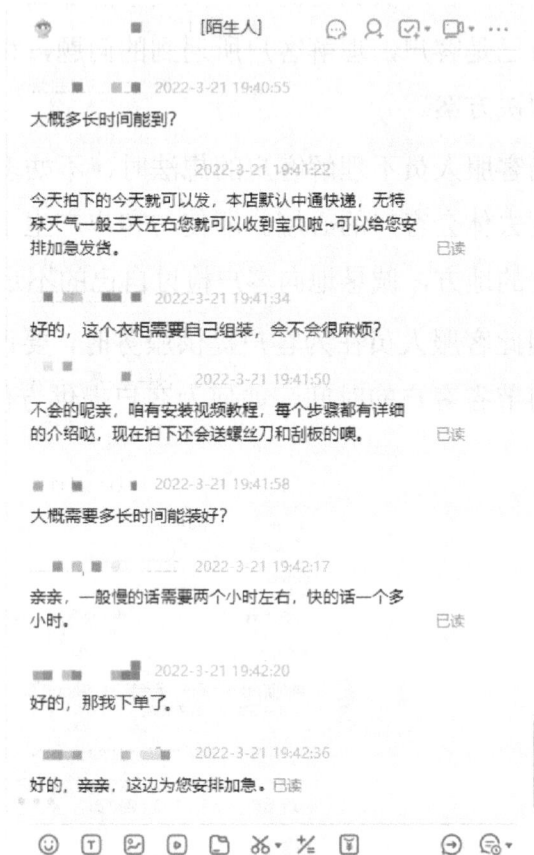

图 2-9                    图 2-10

### 4. 信任客户原则

客服人员在与客户沟通时，最重要的是取得客户的信任。客服人员从客户的角度出发，站在客户的立场上考虑问题是取得客户信任的前提。在沟通过程中，客服人员友善的态度、高度的热情也能给客户带来信任感。

信任是客服人员说服客户的关键。只要取得了客户的信任，说服工作就会事半功倍；相反，如果没有取得客户的信任，说服就是无效的。客服人员要注意和客户保持长期的联系，积累信任感，这样有利于以后工作的开展。

## 二、客户沟通技巧

### 1. 坚守诚信

网络购物虽然方便快捷，但在虚拟的网络环境中，看不到实物商品，客户难免会有疑虑和戒心。所以客服人员必须用一颗诚挚的心，像对待朋友一样对待客户，在与客户的沟通中了解客户的需求，根据商品的实际情况如实地向客户介绍商品的优缺点，诚实地解答客户的疑问，并提供适当的参考建议，如图 2-11 所示。

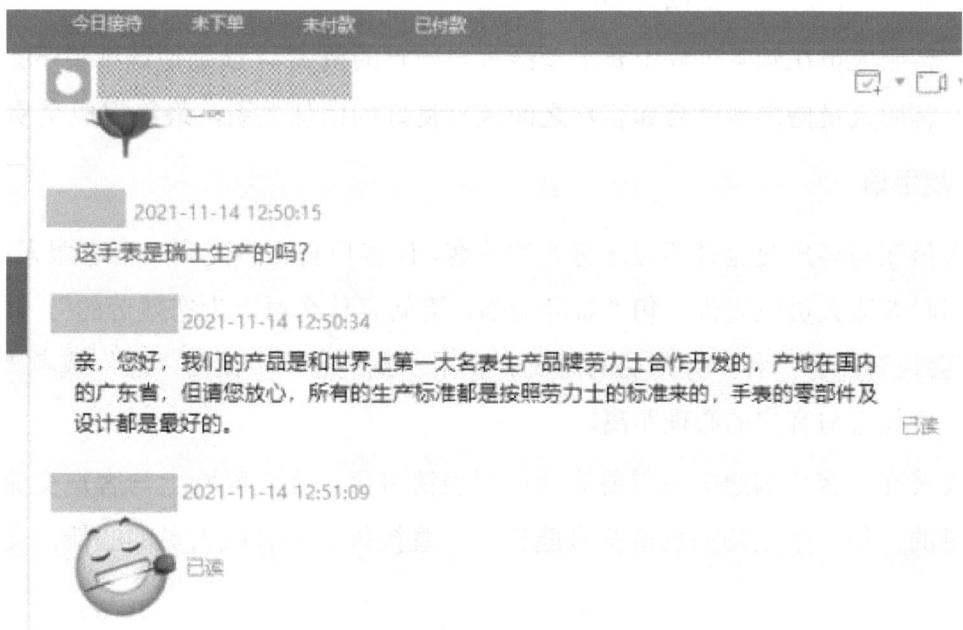

图 2-11

### 2. 态度积极

树立端正、积极的态度对客服人员来说非常重要。尤其是当售出的商品有问题时，不管是客户的问题还是快递公司的问题，客服人员都应该及时解决，不能回避、推脱，要积极主动地与客户进行沟通，尽快提出解决办法。

有一些客户喜欢打破砂锅问到底，客服人员不能不耐烦地用三言两语就打发了，这个时候更需要保持足够的耐心和热情，认真地回复客户，从而给客户一种可信任感。

### 3. 善于倾听

当客户上门时我们并不能马上判断客户的来意及其所需要的物品，因此倾听对客服人员来说至关重要。倾听可以让客户在表达欲望的同时，还能敞开自己的心扉，实现心与心的沟通，从而建立起对客服的信任感。有了"信任"，交易就水到渠成了。

真正的倾听，除了要了解客户言语所表达的意思，还要琢磨客户的言外之意。当注意到客户有难言之隐时，应委婉试探；当发现客户有怨气时，应询问是什么事情让客户不满，等客户排解了怨气之后，再试图解决问题。

例如，在某位客户咨询问题之后，客服人员立即给出了相应的解决方案，但客户冷冷地说："那好吧，我考虑一下。"这样的表述说明客户对该客服人员很失望。如果客服人员在工作中听出了客户语气中的不友好态度，应马上安抚，并表示歉意，然后再询问事情发生的缘由，而不是枯燥地正面回答客户的问题。

同时，客服人员在倾听过程中要主动给客户一定的赞美，鼓励他继续说下去。随着沟通的深入，客服人员慢慢地就会和客户之间建立良好的信任关系，最终促成交易。

### 4. 礼貌用语

客服人员在与客户交流时还应注意礼貌待客，让客户真正感受到来自客服人员的尊重。在客户上门时客服人员应先说一句"欢迎光临，请问有什么可以为您效劳的"，诚心实意地"说"出来会让客户有一种十分亲切的感觉。少用"我"字，多使用"您"或者"咱们"这样的字眼，会拉近与客户的心理距离。

客服人员在与客户沟通中还需要灵活运用表情符号，在互联网上与客户交流时是相互之间看不见的，但一个生动的表情符号能让客户直接体会到客服人员的心情，交流就会更加顺畅。

不要吝啬说"谢谢"，要经常对客户表示感谢，特别是当客户及时完成付款或者很痛快地达成交易时，客服人员应该衷心地对客户表示感谢。

### 5. 迅速回应

沟通是双向的，客服人员也要适时地表达自己的观点。客服人员适当地给客户一些积极的回应，不仅可以让客户感受到被尊重，而且有利于跟上客户的节奏，获得更多、更有效的信息，从而为客户提供更优质的服务。

客服人员在积极回应客户时，尽量不要一直用"是的""对"等机械地回复。要灵活掌控沟通进度，激励客户在轻松、友好的氛围中把他所能想到的内容都表达出来，并对客户的表述做出适当反应，如"我赞同您的说法"。

### 知识拓展

**客服人员的用语规范**

对客服人员来说，平时要注意修炼自己的内功。对于同样一件事，采用不同的表达方式会表达出不同的意思。交易中的很多误会和纠纷就是语言表述不当引起的。

1. 常用规范用语

"请""您好""请问""麻烦""请稍等""不好意思""非常抱歉""多谢支持"等都是非常重要的礼貌用语。客服人员要使用的短句还有"欢迎光临""认识您很高兴""希望在这里能找到您满意的宝贝"等。

2. 客服人员的禁用语言

"我不能""我不会""我不愿意""我不可以""没有办法了""我不负责"等否定用语；"哦哦""嗯嗯""呵呵""哈哈""唉唉""喂"等词语；"也许""大概""可能""差不多"等不确定语言；"您为什么不……""您凭什么……"等反问、质问或与客户争辩的语言；"您马上去……""您必须立刻……""这个我就不清楚了"等命令性或不耐烦的语言。

#### 6．坚持原则

在销售过程中，我们会经常遇到讨价还价的客户，这个时候我们应当坚持自己的原则。如果商家在制定价格的时候已经决定不再议价，那么客服人员就应该向要求议价的客户表明这个原则，但同时要注意语气和方法，要委婉地表达。

#### 7．留有余地

在与客户的交流中，客服人员不要用"肯定""保证""绝对"等字样，而用"尽量""争取""努力"等词语的效果会更好。多给客户一点真诚，也给自己留有一点余地。

### 三、客户挖掘

#### 1．挖掘客户需求

挖掘客户需求，就是有目的地与客户聊天，或者有目的地关怀客户，在与客户聊天或关怀客户的过程中，真正了解客户的想法和需求，从而排除销售过程中的障碍。挖掘客户需求时的提问方式可以是开放式的，也可以是封闭式的。

（1）开放式提问。

开放式提问是客服人员围绕谈话的主题，让客户根据自己的喜好畅所欲言，尽量让客户在轻松、愉悦的氛围下进行交流，以更好地了解更多、更有效的信息，如图 2-12 所示。

（2）封闭式提问。

封闭式提问是客服人员在某个范围内提出问题，让客户按照指定的思路去回答问题，使答案具有局限性和唯一性，而不至于跑题，如图 2-13 所示。

图 2-12           图 2-13

至于选择哪一种方式，要根据客户的兴趣和客户对商品的了解程度来判断。如果客户由于对商品不了解而不知选择哪种，客服人员可以根据客户的需求向客户介绍，如采取二选一、搭配套餐等方法吸引客户购买。

**2. 客户挖掘策略**

如何吸引和留住客户，尽可能做到每天都有新客户，让大部分的新客户不断变为老客户呢？

（1）店铺留言策略。

很多客户会对店铺留言，有的是对店铺的赞许，有的是建议，有的则是批评。不管属于哪种，客服人员都要合理并及时地处理这些留言，让客户知道自己时刻在被关注和重视。当然，客服人员也可以自己留言，写一些优惠信息、联系方法、购买时的注意事项等，这也是一种广告宣传的方式。

**客服典例**

客户留言："没有支付宝，怎么购买你的商品？"

客服人员："亲，您可以注册一下支付宝账号，或者银行转账。如果您不会操作的话，我这边可以教您注册账号，我的联系方式是 135XXXXXXXX。"

掌柜留言：

"亲，春节来临，我公司放假 10 天，从 2 月 16 日至 26 日，需要的买家请拍下付款，我们 27 日开始给亲们发货。谢谢！祝大家春节快乐！"

（2）客户关怀策略。

在维护客户关系过程中，客服人员要把主动权留给自己，而不是被客户牵着鼻子走。真正维护客户关系的手段，是长年累月地处理与客户之间的小事。例如，在节假日期间，发短信或者 E-mail 问候客户，或者给客户寄一封自己亲笔写的信；每隔一段时间就问候一次客户；在客户生日时为客户发送生日短信或者送上店铺的小礼品等。

（3）客户回访策略。

开发一个新客户的成本大约是维护一个老客户的成本的 5 倍。大多数客户并不会将他们的不满告诉客服人员，只是转身离开另觅交易罢了。当然，这些客户还有可能将他们的不满告诉其他客户，如果这样的话对客服人员就更不利了，所以客服人员要定期对客户进行回访。当客服人员主动联系客户并向其征求意见时，就表明了对客户的重视，从而吸引客户成为回头客。

（4）新品通知策略。

在交易后的回访中，客服人员应询问客户是否介意收到店铺的新品通知和促销信息，如果客户反应积极，就将此客户加入促销信息的行列中。一有新品上架或者店铺推出促销活动，客服人员应及时用千牛通知客户，如图 2-14 所示。新品通知和促销活动要设计巧妙，一切要从客户角度来考虑，抓住客户的心就等于抓住了人气，这样才能创造出良好的销售业绩。

图 2-14

（5）其他策略。

设置自己店铺的会员制度，将会员分等级去服务，如按消费满多少把会员分为普通会员、高级会员、VIP 客户等。培养客户的忠诚度，加强客户的管理，针对不同的客户做不同的宣传。还有就是实物礼品赠送，因为客户最喜欢的莫过于实物礼品了，可以将实物礼品作为小惊喜放在客户的包裹中。但是，礼品的选择是有技巧的，如食品类商品常用的礼品可以是将要上市的小包零食，一方面可用于市场测试，另一方面也可以提前吊客户的胃口，对二次销售帮助很大。这里需要注意的就是成本控制。

### 3. 客户挖掘技巧

（1）用心。

客服人员用心去了解客户的需求并加以满足，清楚客户的一切。例如，客户的生日是何时、亲人是谁、结婚纪念日是几月几日等。

（2）坚持。

当客服人员决定用心去维护客户关系的时候就要学会坚持。比如，每周给客户发一次短信问候，给客户一些有纪念意义的小礼品等。有些人发短信只是短时间的行为，发一段时间就不发了，或者觉得太麻烦了，这导致客户认为你是三分钟的热度而没诚意。其实，坚持是让客户感动并相信你的最有效的方法。

（3）真诚。

真诚地站在客户的角度去思考问题，想客户的需求在哪里。当客户不明白或者不了解时，客服人员要耐心地去讲解，要很真诚地说出自己能做到什么、不能做到什么，把利与弊说清楚，让客户自己去挑选。客服人员只提建议而不是逼迫客户非达成交易不可。当客户被客服人员的行为感动时，就会付诸行动。

## 四、打消客户疑虑

在购买商品的过程中，大多数客户经常会心存疑虑，如：是不是正品、一样的商品价格却不相同等。这时，客服人员应该主动发现并打消客户的疑虑。在交易过程中，打消客户的疑虑是非常重要的，客户只有对商品或者服务完全信任，才有下单的可能。

### 1. 打消客户对价格的疑虑

客户讨价还价是每个客服人员都会遇到的问题，也是询单流失的重要原因。对于议价的客户，客服人员首先要分析其议价的原因，然后总结出解决问题的话术并进行回复。

（1）当客户要求价格再优惠，而确实不能再降低价格的时候，客服人员应委婉地告诉客户要全方位比较，一分钱一分货。比如，通过比较商品的材质、工艺、包装、售后等方面来说明定价的理由，打消客户对价格的疑虑。

（2）当老客户要求价格再优惠，而确实不能再降价的时候，客服人员先要对其表示足够的尊重，如"感谢您长期对小店的惠顾"，再通过展示老客户在商品质量、优势、售后等方面的体验来打动他们，从而达到维护老客户的目的，如图 2-15 所示。

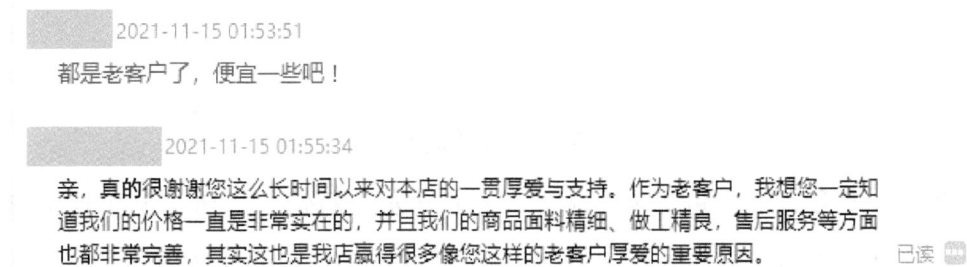

2021-11-15 01:53:51

都是老客户了，便宜一些吧！

2021-11-15 01:55:34

亲，真的很谢谢您这么长时间以来对本店的一贯厚爱与支持。作为老客户，我想您一定知道我们的价格一直是非常实在的，并且我们的商品面料精细、做工精良，售后服务等方面也都非常完善，其实这也是我店赢得很多像您这样的老客户厚爱的重要原因。  已读

图 2-15

（3）如果遇到客户买多件商品要求打折，客服人员可以首先认同对方的感受，然后通过商品的不同之处、优越性及有力的质量保证等来说服客户，让客户知道物有所值。如果对方还是想要折扣，则可以向店主申请适当优惠或者以附加赠品等方式达成交易，如图 2-16 所示。

2021-11-15 01:57:44

买两件能优惠吗？

2021-11-15 02:00:34

您好，我可以理解您的这种心情。如果我是您的话，我也会认为多买几件就应该得到一些折扣。不过我们店的商品价格都是实实在在的，所以还要请您多理解和支持我的工作。这样吧，我多送您一个小配饰，您看行吗？

已读

图 2-16

（4）如果店铺无法更改宝贝价格，客服人员可以根据客户购买的商品价格及数量决定是否包邮，在不议价的情况下，适当送点小礼品可以满足个别客户追求更加优惠的心理。关于商城的价格说明的示例如图 2-17 所示。

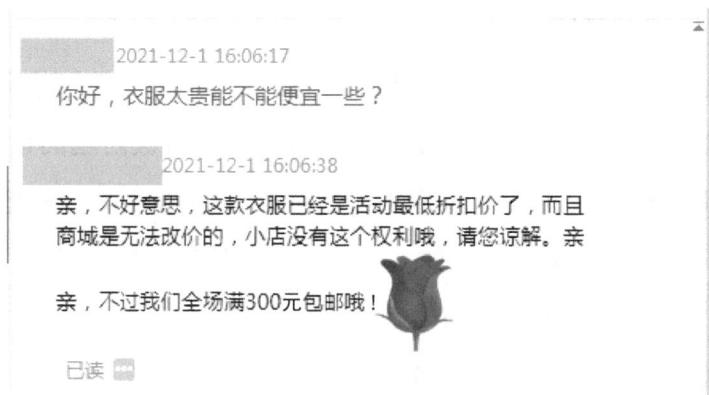

2021-12-1 16:06:17

你好，衣服太贵能不能便宜一些？

2021-12-1 16:06:38

亲，不好意思，这款衣服已经是活动最低折扣价了，而且商城是无法改价的，小店没有这个权利哦，请您谅解。亲

亲，不过我们全场满300元包邮哦！

已读

图 2-17

 小提示

### 老客户的维护

网店运营一定要充分利用老客户资源，老客户复购的销量在网店整体销量中占的比例直接反映了该店铺的竞争力水平。客户只有感到满意，才有可能回购，这种"满意"在更大程度上取决于客户消费时的感受和体验。如果在消费过程中客户的感受是美好的，那么客户就会有重复消费的可能。客服人员的最终目的应该是把客户对网店和商品的信任一起卖给客户，让客户成为网店的长期支持者，形成属于自己的老客户群，并且通过老客户的介绍为网店带来更多的新客户。

### 2. 打消客户对质量的疑虑

不论客服人员把商品说得有多好，质量始终是客户最为关心的问题。时常有客户因为对商品质量有所顾虑，不愿下单。这类客户表面上是怀疑商品的质量，实际上是对网店和客服人员不信任，所以处理好这个问题的关键是取得客户的信任，让客户相信客服人员。客服人员只用简单、空洞的语言给客户介绍商品，是难以真正取得客户的信任的。

客服人员在回答客户问题的时候，不能过于简短、生硬，要结合商品的特点与客户的提问倾向，从专业的角度尽量详细地给出答案，消除客户的疑虑。如果客户提出商品质量问题，客服人员可以从生产流程、监督流程、查验商品的流程及售后服务等方面去强调和分析商品，尽量使客户满意，如图 2-18 所示。

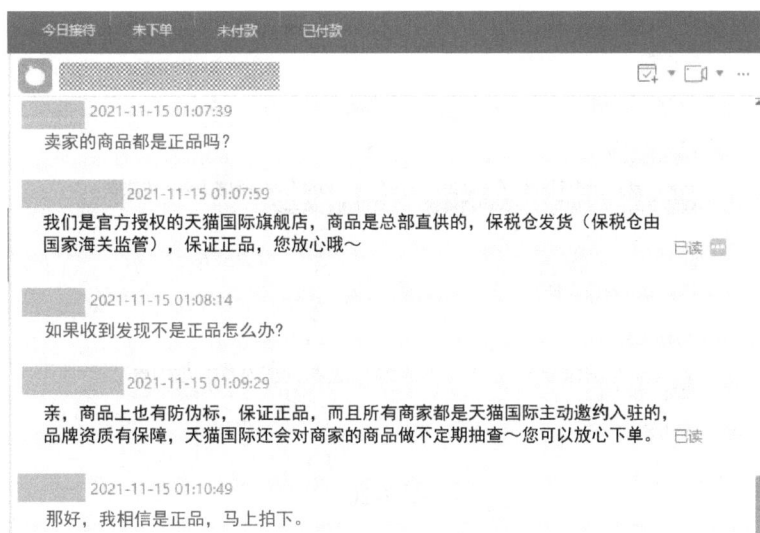

图 2-18

对于打折的特价商品，客服人员应坦诚地告诉客户商品打折的真正原因，以事实说服客户，同时以特价商品实惠、划算的特点作为引导客户立即购买的催化剂，如图 2-19 所示。当客服人员行为坦诚、语言真诚，并且表现得敢于负责的时候，往往很容易取得客户的信任。

图 2-19

### 3. 打消客户对售后的疑虑

将店铺运营好的关键，不仅仅是出售高品质的商品，更重要的是提供超一流的售后服务。每个店铺卖的东西不一样，但是或多或少都会涉及售后服务。客户可能在购买商品的过程中对售后存在顾虑。客服人员可以采取有吸引力的售后保证措施，打消客户的疑虑。在实际工作中，客服人员可以采取以下两种措施打消客户对售后的疑虑。

（1）在沟通的时候将售后信息直接告知客户。大部分客户在决定购买一件商品前总会有一些疑虑，一般会通过向客服人员咨询来打消疑虑。在这个过程中，客服人员向客户传达店铺的售后信息，客户会更容易接受。如图 2-20 所示的沟通方式就比较好。

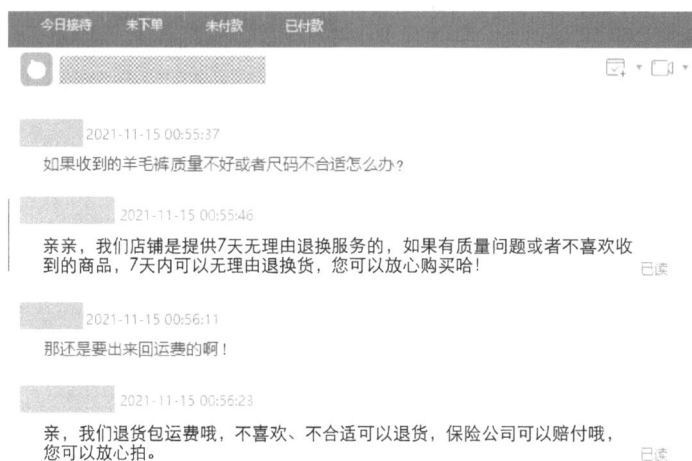

图 2-20

（2）在商品描述页面或店铺的其他页面中将售后信息公布出来。在店铺中公布售后信息，不仅可以传达给客户一则信息——店铺有健全的售后制度，让客户对店铺产生信任感，而且会促使这则信息成为一种承诺，让客户进一步对店铺产生信赖感，如图 2-21 所示。

### 4. 打消客户对包装的疑虑

网上购物需要通过物流运输，才能将商品送达客户手中。包装是物流运输中必不可少的环节，商品在运输途中难免会磕碰，质量差的包装容易在运输过程中破裂而导致

图 2-21

商品损坏，所以会有很多客户对这一环节极不放心。此外，当客户拿到商品时，最先看到的是包装，美观大方、细致入微的包装不但能够保护商品的安全，而且能够赢得客户的信任和喜爱。因此，商品的打包质量可能直接影响客户的购物感受，好的包装可以给客户留下一个非常好的印象。商家可以在商品描述页面中添加包装信息，清楚地展示包装过程及防压抗震的包装设计，打消客户对包装的疑虑，如图 2-22 所示。

图 2-22

### 5．打消客户对物流的疑虑

物流是联系网店和客户的纽带，网店的正常运营离不开物流公司的支持。所以，选择一家好的物流公司对网店来说十分重要。不管是客户还是商家，都希望通过一种安全的运输方式把商品运送到目的地。如果安全性得不到保障，客户就会产生疑虑不敢购买，如图 2-23 所示。

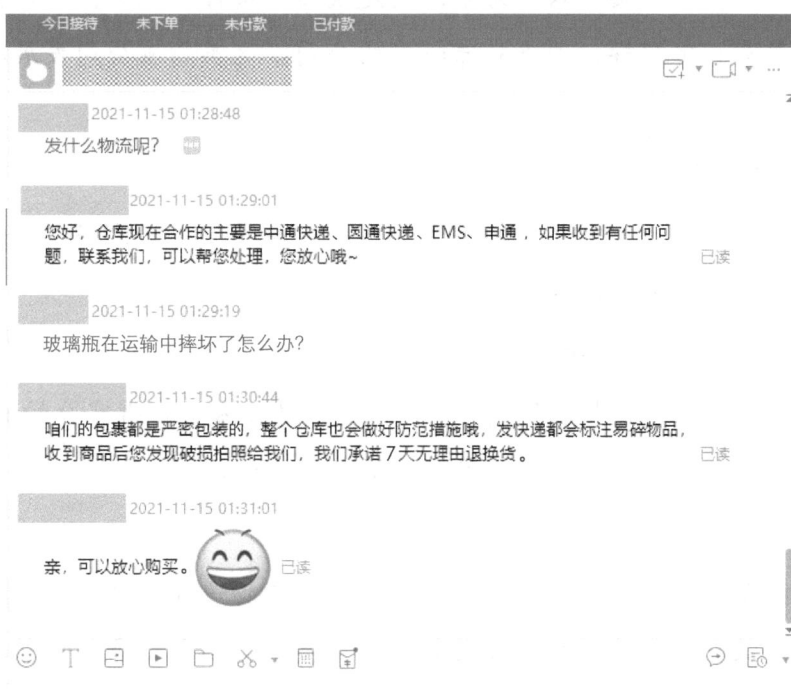

图 2-23

在客户购买后，客服人员应第一时间与客户沟通物流配送地址是否正确，在物流运输期间应及时跟进查询，发现问题要第一时间通知客户并说明问题，避免因物流产生纠纷。同时，物流到达过慢或者商品有破损，还会引发一连串的问题，严重影响网店的生意和信誉，如图 2-24 所示。

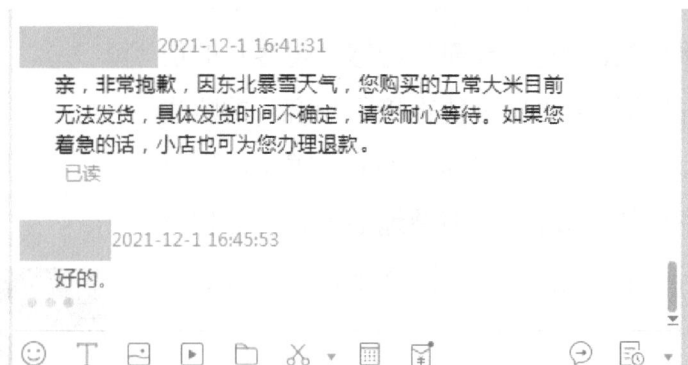

2021-12-1 16:41:31

亲，非常抱歉，因东北暴雪天气，您购买的五常大米目前无法发货，具体发货时间不确定，请您耐心等待。如果您着急的话，小店也可为您办理退款。

已读

2021-12-1 16:45:53

好的。

图 2-24

**知识拓展**

**如何选择一家可以令客户和商家都放心的物流公司**

1. 选择安全性高的快递

在商品运输环节，最让买卖双方为难的就是快递的丢件和损坏，所以商家在挑选物流公司时最好选择具有一定规模、网点分布较广的公司。这类物流公司发展较为完善，可以免去很多后顾之忧。

2. 选择费用合理的快递

本着节约的原则，节省物流环节的支出费用。在商品质量和价格相同的情况下，客户肯定会选择快递费相对较低的商家。

3. 选择发货速度较快的快递

网购的客户通常非常在意物流的速度。物流速度快，容易赢得客户的好感，留住客户，并将其发展成老客户，反之则容易引起客户的不满，甚至投诉。

4. 选择服务质量较好的快递

客户在购物的整个环节中都应享受优质的服务，在物流环节也不例外。因此，商家在选择物流公司时要偏向于对快递员工作监管较为完善的、具备服务行业精神且能遵守服务行业准则的物流公司。质量好的物流服务会给客户带来舒适的体验，从而增加客户对商家的好感。

商家在根据以上条件选择 1～2 家经常合作的物流公司后，可以通过商品详情页将物流信息传达给客户，这样的公示往往可以打消客户对物流环节产生的疑虑。

项目检测

**一、选择题**

1. 客户以追求商品的使用价值为主要目的的购买心理是（　　）。

    A. 求实心理　　　　　　　　　　　　B. 求名心理

    C. 求利心理　　　　　　　　　　　　D. 求新心理

2. 客户特别注重商品的流行性，商品是不是新款式、新花色等，这属于客户的（　　）。

    A. 求名心理　　　　　　　　　　　　B. 求安心理

    C. 求新心理　　　　　　　　　　　　D. 求美心理

3. 针对拥有求利心理的客户应采取（　　）策略。

    A. 突出商品的外在优势　　　　　　　B. 推陈出新

    C. 突出品牌价值　　　　　　　　　　D. 突出优惠

4. 以下属于客户挖掘技巧的是（　　）。

    A. 真诚　　　　　B. 用心　　　　　C. 坚持　　　　　D. 以上都是

5. 在商品详情页中添加包装信息，清楚地展示商品的包装过程属于打消客户对（　　）的疑虑。

    A. 质量　　　　　B. 包装　　　　　C. 物流　　　　　D. 售后

6. 稳定性强、精打细算属于（　　）客户群体的消费心理特征。

    A. 少年　　　　　B. 青年　　　　　C. 中年　　　　　D. 老年

7. 沟通的基础是（　　）。

    A. 知识　　　　　B. 语言　　　　　C. 说明问题　　　D. 沟通

8. 下列不属于客服人员的沟通态度的是（　　）。

    A. 树立端正、积极的态度　　　　　　B. 有足够的耐心

    C. 足够热情　　　　　　　　　　　　D. 回避、推脱问题

9. 下列属于客户挖掘策略的是（　　）。

    A. 客户关怀策略　　　　　　　　　　B. 店铺留言策略

    C. 客户回访策略　　　　　　　　　　D. 以上都是

10. 倾听的最高层次是（　　）。

    A. 假装倾听　　　　　　　　　　　　B. 专注地倾听

C．设身处地地倾听       D．选择性倾听

## 二、简答题

1．简述客户的购买心理及应对策略。

2．怎样打消客户的疑虑？

## 三、实训题

根据所学知识，完成表 2-1。

表 2-1

| 网店客户常见购买心理 | 表　现 |
| --- | --- |
| 求利心理 | 小丽在购物网站上发现一家店铺正在做促销，买一送一，她最后选择了价格最便宜的一件外套下了单 |
|  | 小媛在网上购物时喜欢购买销量靠前的商品 |
|  | 小慧在购买零食时总是担心商品的质量，会不断地询问客服人员商品的保质期等问题 |
|  | 李函喜欢购买各类时髦、奇特的商品，越是标新立异的商品越是喜欢购买 |
|  | 吴皓偏爱大牌，愿意花几千元甚至上万元买大牌包，觉得背大牌包特别有面子 |
|  | 在选择商品时，小艾更加注重商品是否实用、牢固，而对商品的外观不太注重 |

**客服新媒**

## 电子商务客户服务——工单一体化

工单是客服人员经常使用的工具之一，它能记录、处理客户问题，提高客户满意度，促成更多交易。构建工单一体化是每个企业都应该考虑的问题，那么，具体应该怎么做呢？

任何企业通过经营获取价值的过程，其实是对不同的关键要素进行整合来创造价值的过程，而客户和交易行为是最重要的两个要素。和客户产生交易、促成更多交易发生是企业的经营目标。

在电商企业中，这种交易行为基本是以订单来承载和体现的。在订单之外，还需要另外一个辅助单据来记录客户及交易过程中的各类问题，以便企业能够快速解决客户问题，更好地服务客户，同时促使更多交易达成。

### 一、工单因客服人员而出现

在客服人员出现以后，商家总要给客服人员一个趁手的工具，使其能够更好地服务客户，而工单就是这样一个趁手的工具。

以电商企业为例：电商企业以订单来承载交易，在交易的过程中会出现各种各样的问

题，这些问题可能是导致客户满意度下降的关键，企业需要第一时间获知这些问题，并将其交给客服人员来解决。如果将问题记录在订单里面就会让订单显得特别臃肿，目前业内基本都用工单来记录并解决问题，可以说工单是客服人员完成客户服务工作的趁手工具。

## 二、电商企业中的工单

工单是客服人员服务客户的趁手工具，是订单的辅助单据。在电商企业中充斥着大量的订单，对应地就会有大量的客户。在电商企业中，工单的主要特点有以下几个。

### 1. 订单的辅助单据

在电商企业中，会有各种各样的单据，如订单、发货单、退货单、退款单……在这么多单据里面，最重要的就是订单，工单和其他单据都是为了辅助订单而存在的，更准确地说是为了促使交易的完成而存在的。

当然，工单在特殊情况下会导致订单取消，这个时候工单则不是在辅助订单，而是阻碍了订单。从另外一个角度来看，这次取消是为了下次更好地成交，所以本质上工单还是订单（或者说交易）的辅助单据。

### 2. 无处不在

订单是客服人员用来提升客户满意度的工具，客户有需要，服务就要跟上，工单就会出现，这也就决定了工单无处不在。在电商企业中，最重要的是订单，订单承载着交易，也代表着交易。这表明订单在交易的场景下才会存在，在其他场景下，订单的使用频率可能会低。同样，除工单之外的其他辅助单据也一样，都有特定的使用场景。而工单不一样，工单在任何场景下都可能存在，客户的一次咨询、商家的一次退款等，都会有工单的身影存在。

### 3. 由客服人员使用却又串联整个企业

工单是服务客户的工具，客服人员是专门服务客户的人员，所以工单主要被客服人员使用。客服人员用工单记录客户问题、处理客户问题，所以基本上谈到工单就绕不开客服人员。

虽然工单主要被客服人员使用，但又串联整个企业。企业的经营活动就是为了服务客户、达成交易，可以说整个企业都是为了服务客户而存在的。所以工单需要串联整个企业。

## 三、构建电商客服—工单一体化

对电商企业而言，客户众多，交易频繁。为了服务好客户，促成更多的交易，电商企业应该构建电商客服—工单一体化。以下几点供大家参考。

### 1. 开放入口

工单作为一种辅助单据，作为记录、处理客户问题的单据，需要成为一个开放的单据。

也就是在所有可能出现问题的场景下，提供给客户自主发起、跟进并处理问题的入口，而不是等待客户通过在线或者电话的方式找到客服人员以后，再来记录、生成工单，让客户参与到找到问题、处理问题的过程中，共同达成客户满意的目标。

2. 及时反馈

客服人员作为服务客户的一线人员，负责记录、处理客户的问题，当有处理结果的时候（不论是最终结果还是阶段性的结果），应该第一时间反馈给客户，减少客户因为不确定而产生的负面情绪。这些负面情绪带来的问题可能比之前的问题严重很多。

3. 重视反弹

客户第一次反馈的问题基本上是真实的问题反馈，第一次的处理结果如果不能让客户满意，那么到了第二次、第三次的时候，客户反馈的问题基本已经不是客户的实际问题了，主要是负面情绪。所以我们在处理问题的时候，需要重视客户的反弹，此时的工单则为反弹工单。

4. 换位思考

我们在产品设计中经常提到换位思考、同理心，在服务客户的过程中更应该有换位思考的意识。在设计工单的时候，尤其是在确定工单分类和工单优先级的时候，我们更应该站在客户的角度思考。客户在暴怒的情况下要求退货和在心平气和的情况下要求退货的场景是不一样的。这个时候，我们就需要从工单的分类和优先级入手，将这两种情况区分开来，从而能够更好地服务客户，提高客户满意度。

5. 全量记录

这里的全量是指客户的所有问题。在用工单记录问题的时候，不能仅仅记录需要流转、需要被处理的问题，客户的所有问题都需要被记录下来。客户的一次投诉我们记录了，客户的一次咨询就不记录吗？不是的，都需要记录下来，这些记录可以作为客户服务的优化支撑。

构建电商客服—工单一体化需要考虑的不仅仅是以上几点，还有很多地方，以上几点只能作为一个参考。服务客户、促成交易是我们构建电商客服—工单一体化的最初目标，也是最终目标。

# 项目 3

## 接待售前咨询

店铺的销售离不开客服人员和客户的前期沟通，良好的前期沟通是促使买卖成交的关键。一名优秀的售前客服在一开场就要用热忱的话语接待客户，诚心诚意地应答客户的咨询，获取客户的需求，从而进行精准推荐。如何让客户在购物过程中有良好的购物体验，感受到热情与周到的服务，是售前客服工作的重要内容。

### 学习目标

- 素质目标

1. 培养学生吃苦耐劳、乐于奉献、造福他人、服务社会的责任心和正义感；

2. 培养学生"处变不惊"的应变力、对"挫折打击"的承受力、情绪的自我掌控及调节能力，以及积极进取、永不言败的良好心态。

- 知识目标

1. 了解售前客服迎接问好的行为规范；

2. 掌握售前客服吸引客户的方法与技巧；

3. 了解应答客户咨询的礼貌用语；

4. 掌握售前客服提供专业咨询的基本要求；

5. 了解 FAQ 的定义及保证有效性的要求；

6. 掌握 FAQ 的设计方法和快捷短语的设计步骤。

- 能力目标

1. 学会运用吸引客户的方法与技巧；

2. 能够针对不同客户提供专业咨询；

3. 能够设计适合客服工作环境的 FAQ 系统。

**案例导入**

用专业知识赢得客户信任

　　李女士通过搜索"羽绒服"进入了"衣心衣意"网店，看上了一件款式不错的羽绒服，不知道适不适合自己，于是就咨询售前客服。

　　李女士："你好！在吗？"

　　售前客服："亲亲，您好，欢迎光临'衣心衣意'女装店，我是您的专属售前客服小莉，很高兴为您服务！请问您有什么需要吗？"

　　李女士："我从你的网店里选了一款羽绒服。"（发送羽绒服链接）

　　售前客服："亲爱的，羽绒服装保暖舒适，是冬天必不可少的单品哦！这件爆款羽绒服的填充物为白鸭绒，含绒量达到90%，更厚更保暖，这个冬季有它就足够了！"

　　李女士："你家的这款看起来不错！"

　　售前客服："亲，您真有眼光！这是今年的新款。从淘宝平台的销量来看，这是一款非常受年轻女性喜欢的羽绒服哦。从细节方面，您就可以感受到我们在用心做产品。面料都是高密面料，可以防止钻绒；简约的几何线条拼接包边，层次感分明；袖口处装点的几何绣花，华美精致，给人清甜、利落的感觉；整款都是线迹绣花，一针一线，颇见真章，形象逼真的图案给人以高贵的感觉呢。"

　　李女士："你们这款羽绒服对身材有要求吗？"

　　售前客服："亲，这款羽绒服是宽松版型的，对身材没有要求，而且会遮住腰部一些多余的肉，这款黑色的看起来特别显瘦哦！"

　　李女士："哦，那太好了！L号的有货吗？"

　　售前客服："亲亲，购买这款羽绒服的客户特别多，喜欢就尽快拍下，付款成功才会保留库存，赶紧行动哟！"

　　李女士："对了，可以打折吗？"

　　售前客服："亲亲，这款的价格已经是活动价了呢。如果您对价格不满意，我们这款产品还有一个优惠套餐，我把链接发给您，稍等。"

　　李女士："好，我要这个套餐了。"

　　售前客服："好的亲，感谢您的支持，祝您购物愉快！"

　　李女士："嗯！"

　　售前客服："售前客服小莉期待您的下次光临！"

**案例思考**

在案例中，售前客服小莉是如何迎接客户并留住客户的？她提供了什么专业的服务让客户愉快下单了呢？

# 任务一　接待客户

## 一、迎接问好

迎接问好是售前客服接待客户时的第一个工作流程。在网络销售中，迎接问好有着很深的学问。首次问好若得当，将决定本次交易可以顺利地进行，乃至促成订单；反之，首次问好反应过慢，较为随意或出现差错，则会造成客户心里不悦，导致客户流失。

### 1. 及时问候

在销售过程中，售前客服需要第一时间留住客户，首次回复客户要体现一个关键字——快。在客服绩效考核中，首次响应时间是重要的指标之一。首次响应时间指的是售前客服对客户第一次的回复用时的平均值。首次响应做得不好，会拉低搜索权重、增加客户流失、降低购物体验，给店铺造成不良影响，如图 3-1 所示。

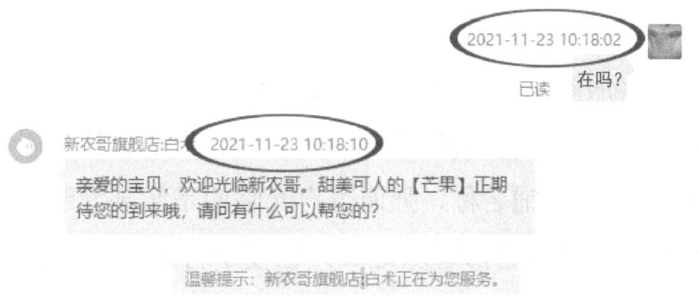

图 3-1

客服术语里有一个词——"黄金六秒法则"，就是说第一次回复的最佳时间在客户提出问题后六秒以内。当然，响应时间越短越好。

### 2. 热情迎接

售前客服对待客户要热情问候，通常使用"您好，欢迎光临""您好，有什么需要我帮忙的吗"。如果客户较多，售前客服应表示："对不起，请您稍等片刻。"售前客服在忙完接待客户时一定要先表示："不好意思，让您久等了。"这样能让客户真正感受到被优待，并从源头上消除抵抗心理，真切地感受到售前客服的真心和热情。

在较为"封闭"的网络购物环境中，售前客服给客户留下的第一印象非常重要。在竞争异常激烈的网络购物过程中，售前客服给客户留下良好的第一印象，是顺利进行交易的基础。

### 3．正确称呼

目前淘宝店铺一般称呼客户为"亲"，如果要用称呼体现客户的性别，则可以称呼客户为"先生"或"小姐"。当然，对客户的称呼也可以体现店铺的个性化，如有些女装店铺会称呼客户为"公主""女王殿下"，母婴店铺会称呼客户为"宝妈""辣妈"等，有些店铺会称呼客户为"主人"，如图3-2所示。这没有标准的要求，符合店铺的定位和风格即可。不一样的称呼带给客户不一样的感受，同时加深客户对店铺客服人员的印象。

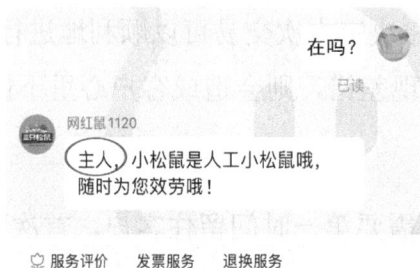

图 3-2

### 4．自报家门

客户首次光临店铺，特别是通过搜索进入店铺，对店铺不是很了解。为了让客户迅速记住我们的店铺，售前客服除了要有真诚的态度，还需要自报家门，告诉客户他在哪里，谁在为他服务。例如，"亲，欢迎光临某某女装旗舰店，我是您的专属售前客服小呗，很高兴为您服务！"示例中先点明店铺名称，强调客户光临的是某某女装旗舰店，接下来做简单的个人介绍，表明为客户服务的售前客服是谁，也便于将来开展售后服务。

### 5．话术的参考格式

在客户进店后，欢迎内容的设计格式一般为：

称呼（对客户的）+店铺名称+自我介绍+服务的意愿+品牌宣导（或营销活动）。

例如，"亲亲，欢迎来到某某坚果王国！我是本次接待您的售前客服小丽，请问有什么可以帮助您的呢？"

售前客服的工作至关重要，售前客服通过与客户首次接触，给客户留下了热情、真诚的第一印象，有了一个好的开场，这样就可以留住客户，为下一个环节做好准备，如图3-3所示。

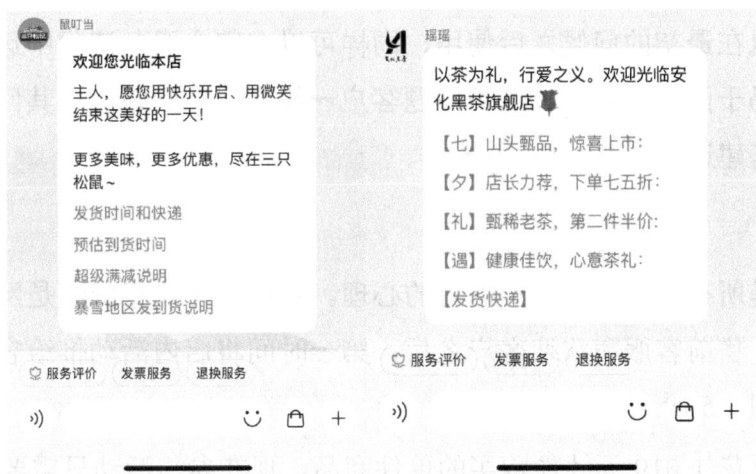

图 3-3

## 二、吸引客户

由于线上交流的特殊性，售前客服要更加注意沟通交流的技巧，有效运用各种手段吸引客户，探索客户的需求，以更好地留住客户，消除客户疑虑，做到成功销售。

### 1．二次问候

客户在购物时很可能同时咨询很多商家，或者因为工作忙而中断聊天。这时，售前客服不能坐以待毙，而是要主动进行二次问候。二次问候不是简单地使用"还在吗""有什么需要吗"这样的话语进行问候，而应该起到友情提醒和引导作用，让客户再次和售前客服沟通，如图 3-4 所示。

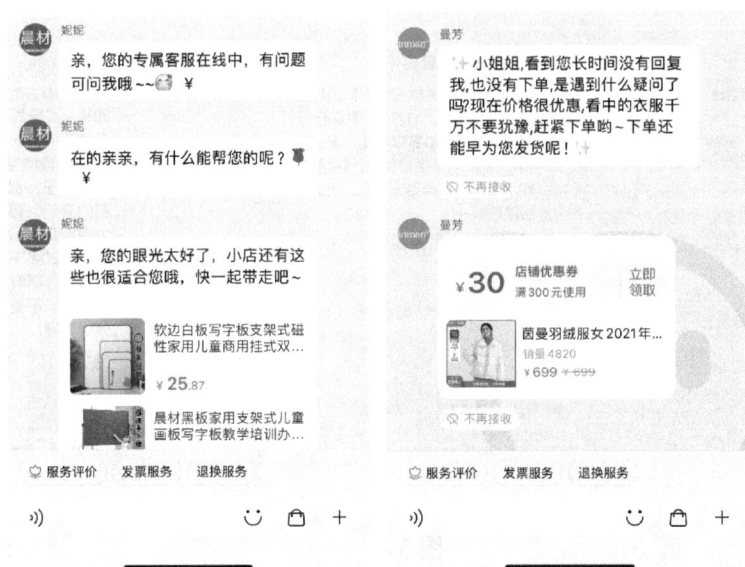

图 3-4

二次问候可以在最初的问候之后使用，同样可以在整个服务流程中运用。售前客服应该准备一些客户易于回答的问题。这类问题客户一般都愿意回答，而其回答的过程，就是沟通桥梁的再次搭建过程。

### 2．优惠刺激

"占便宜"是所有在线购物客户常有的心理。所以价格优惠刺激是网络销售中最容易留住客户的方式。售前客服在欢迎客户之后，第一时间将店内活动推给客户，更容易引起客户的关注，如图 3-5 所示。

对于平时需要花 1 019 元才能购买的单件商品，现在参与活动只需要花 499 元，节省了 520 元，这个时候很多客户都不会再淡定了。本来只是看看而已，最终却下单了好几件。在面对大力度的优惠时，能抵挡优惠促销诱惑的客户屈指可数。

### 3．条件诱惑

简单的价格刺激并非在所有时刻都管用，毕竟优惠活动的刺激人人可见。在网络购物中，有些客户要的是他独有的那种优惠，这样在心理上才会有满足感。售前客服在做商品推荐时，可以表达出给客户争取额外优惠的想法，如图 3-6 所示。

### 4．活动产品推荐

客户一般都是利用搜索工具进入网店的。推荐给客户店铺内的爆款或者活动款商品也是留住客户比较好的办法，如图 3-7 所示。这样可以让客户省下许多挑选的时间，特别是有"选择恐惧症"的客户，可以刺激其购买欲望。

图 3-5

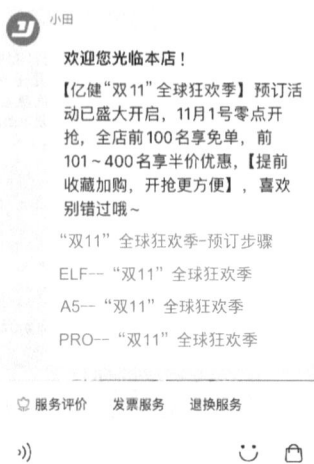

图 3-6

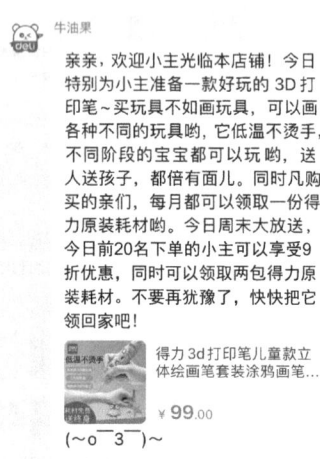

图 3-7

# 任务二　应答客户咨询

## 一、应答客户咨询的礼貌用语

售前客服要时时刻刻尊重客户，要用和善、友好的态度让客户感受到自己的真诚。售前客服如何才能表现出和善、友好的态度呢？

### 1. 多使用谦辞

在与客户沟通的过程中，售前客服应尽可能地多使用能够体现客户地位的词语。例如，为了表达对客户的尊敬，可以多使用"请""麻烦""好的""乐意为您效劳"等用语。

---

**小提示**

**售前客服常用的礼貌用语**

请、您、谢谢、对不起

我很高兴……

感谢您……

很抱歉……

请您见谅！

让您久等了！

我十分理解您的感受……

您对我们很重要……

我会以最快的速度……

请考虑一下售前客服常用的礼貌用语还有哪些。

_____

---

### 2. 多使用语气助词

售前客服与客户的沟通都是基于文字的，在聊天过程中可以多使用语气助词，如"呢""呀"这样的语气助词，如图 3-8 所示。这样可以有效地传递一种信息，让客户感受到与他交流的售前客服一定是一位甜甜的女孩。

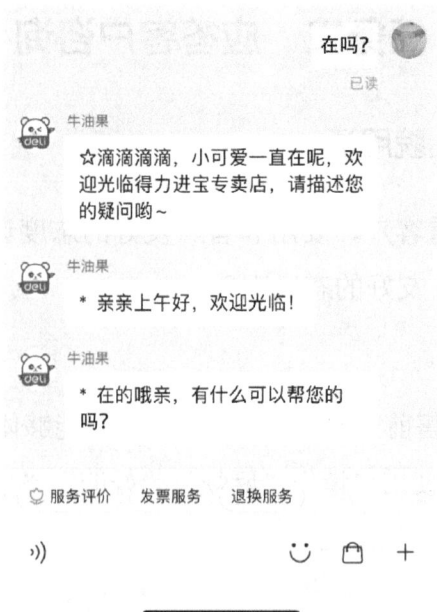

图 3-8

### 3．巧妙地运用表情符号

网络交流还有一个更加直接地传达信息的方式就是运用表情符号。各种客服聊天工具都自带了很多可爱的表情符号，可以很好地传达售前客服的态度，如图 3-9、图 3-10 所示。售前客服也可以自定义添加属于自己的表情包。现在网络中流行很多有趣的表情包，售前客服在沟通中灵活使用将大大增加客户对店铺的好感。

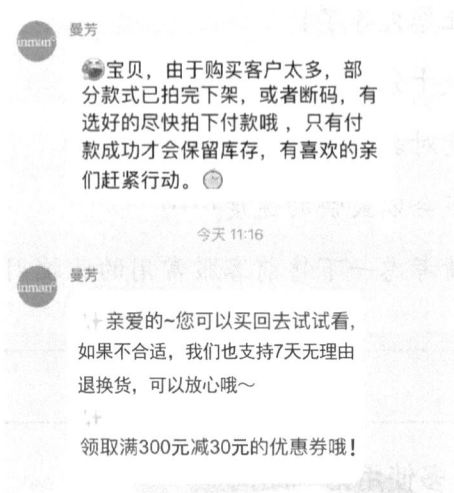

图 3-9　　　　　　　　　　　　　　　　　　图 3-10

售前客服需要选用一些阳光的、善意的、可爱的、积极的表情包，避免使用过于暴力或者容易引起歧义的表情包，如图 3-11 所示。

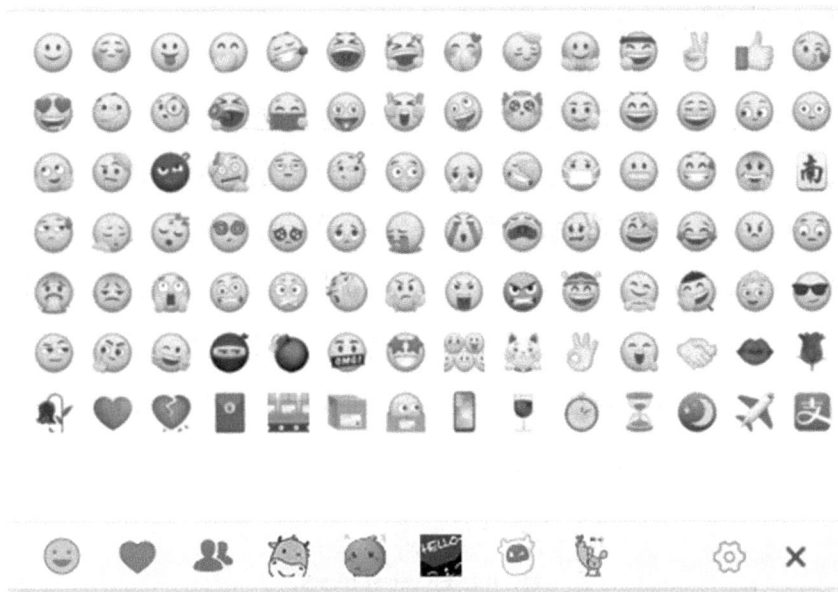

图 3-11

### 4．拒绝用一个字回答

"在""好""没""嗯"……这类看似回答客户询问的话语，在售前客服与客户的聊天中是坚决避免使用的。用一个字回答客户的询问会让客户觉得售前客服很敷衍、缺乏耐心、太过冷漠。所以售前客服在回答客户询问的时候要尽可能配有较多的文字和表情符号，一般要求回复字数多于客户提问字数，当然文字适量即可，太多的文字会让客户抓不住重点。总之，一个字的答复应禁止使用。

### 5．礼貌送客

在客服岗位中，有一个不成文的规定：最后一句话要由客服人员发出。不管成交与否，客服人员都应该礼貌地与客户告别。例如，某位客户在购物咨询后将要离开时，商家发来一条消息，表达了这次没有成交的遗憾，希望客户继续关注并支持店铺。当客户看见这条消息时，默默地把店铺收藏了，觉得如果有需要，还是会再次来这家店铺选购的。对于没有成交的客户，售前客服也要表示感谢，并发出关注店铺微淘或者收藏店铺的邀请（一旦客户关注了店铺，商品就会再次曝光在客户面前）。客户这次不购买，并不代表以后不购买。

## 二、提供专业咨询

商品咨询是最能考验售前客服专业能力的服务环节。在网络购物中，售前客服只能通过文字表达来解答客户的疑问，这不仅需要售前客服对客户提出的疑问进行一一解答，并且解答的过程应力争耗时最短，回答准确、有效，还需要售前客服对商品、物流等相关信息有全面的认知和了解。

## 1. 热情真诚的服务态度

作为售前客服，每天要面对形形色色的客户，也会遇到很多意想不到的事情，有令人开心的、无奈的、困惑的，还有令人气愤的，这些都是售前客服工作中不可避免的内容。但是无论遇到怎样的人或事，售前客服都要有一颗关爱、温暖他人的心，主动关心客户，主动为客户提供解决办法或建议，像朋友一样关心、呵护客户，让客户感受到温暖与关怀。

售前客服一定要以热忱的话语欢迎每一位客户，以诚心的关怀温暖每一位客户，如图 3-12 所示。同时，售前客服要注意使用正确的讲话方式，善于增强和客户的信息互动，要明确自己的任务就是为客户解决问题。

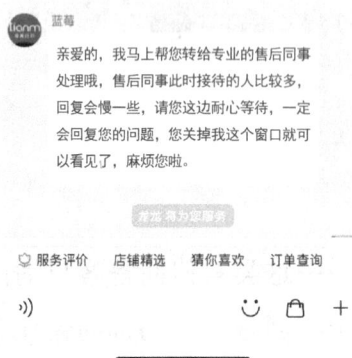

图 3-12

## 2. 分层表达

在回复客户的咨询时，很多售前客服为表现出热情，会一股脑地把能表达的信息以一大段文字的形式发给客户，让客户自己去逐字逐句地理解意思。现在，大多数客户将手机等移动终端作为主要的购物工具，售前客服使用大段文字严重影响了客户的浏览效率，大大降低了客户的购物体验。因此，售前客服要编辑好内容，要做到有逻辑地分层表达，如图 3-13 所示。

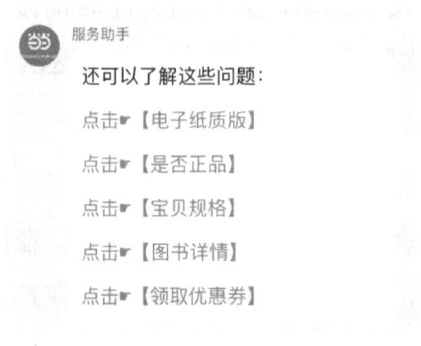

图 3-13

### 3．平台规则

遵守平台规则对店铺的日常运营是非常重要的，店铺一旦违规就会被扣分、处罚，在一定时间内被限制发布商品、交易、参加平台的营销活动，更严重的会被查封。因此，售前客服在上岗前一定要学习平台的各种规则（商品发布规则、交易规则、活动规则等），在必要时可以把这些规则制作成文档，以便在工作中随时查询。

**想一想**

京东、天猫、拼多多等电商平台都有哪些相关规则？试着找一找吧。

_____

_____

### 4．丰富的商品知识储备

售前客服要把学习到的商品知识运用到工作中，在客户咨询时能说清楚商品的属性、卖点，并且可以针对客户需求给客户推荐合适的商品。售前客服表现出来的专业度直接影响了客户的购买决策。

例如，当客户看中一件商品，咨询是否有货时，售前客服如果只是回复"有的"或者"亲，可以拍下就是有货的，不能拍下就是没货了"，这样就失去了主动介绍商品的机会，只能被动地等待客户的提问。有经验的售前客服一般在回答有货的同时，会进一步地引导客户购买，如图 3-14 所示。

| 小樱桃 | 小樱桃 |
| --- | --- |
| 亲，您的眼光真好，这是我们店铺卖得最好的一款宝贝，您选哪个尺码呢？ | 亲，这是我们店铺回购率最高的宝贝，今天店铺有活动，下单就有可爱的包包挂件赠送呢。 |

图 3-14

同样是确认有没有货，第一位售前客服通过肯定客户的眼光，增进了彼此的感情，并主动抛出下一个问题，引导客户保持沟通；第二位售前客服在回答客户有货的同时，用店铺赠品引导客户尽快下单。

**客服典例**

> 客户："你们这款毛衣对身材要求高吗？"
>
> 售前客服："亲，这款毛衣的肩膀部分为挂肩式设计，不会显得肩宽，而且宽松版型会遮住腰部一些多余的肉，这款黑色的特别显瘦。"

网络销售的沟通要在短时间内抓住客户的需求，而不要一直被动地等待客户询问。这就需要售前客服不仅要掌握商品的基础知识，还要掌握商品的周边知识。只有这样，售前客服在解决客户问题的时候才能更准确地提供答案，并推荐合适的商品给客户。

### 5. 避免直接拒绝

客户在购物时经常会咨询是否有优惠，十有八九都会被告知"亲，我们已经是最低价了，不能再优惠了"，更有甚者会被告知"谢绝议价，非诚勿扰"。可能商家比较忙，再或者为了节约沟通成本。但这样的回复很容易给客户造成"爱买不买"的错觉。

在销售过程中，议价其实是人的惯性行为，客户不购买的最大原因往往不是价格，而是售前客服对客户的态度。售前客服在面对客户的议价请求时，直接生硬地拒绝或直接亮出全部底牌，都不是最佳方案。不管客户有什么样的议价心理，都会在和售前客服的沟通中表现出来。售前客服要先分析客户的议价心理，有条件地做出让步，给客户一个良好的购物体验。

**知识拓展**

**委婉拒绝常用话术**

1. 真实报价

"亲，本店销售的都是自产自销的女装，都是按照高档精品的标准来制作的，保证质量，价格已经非常优惠了呢，没办法再少了哦。"

2. 转到商品优势上

"亲，我们的价格可能高了点，但是我们的性价比也高呀！衣服穿在身上，给人的感觉是别的品牌没法比的呢，相信您选择我们也是冲着我们的质量来的吧！"

3. 快乐拒绝

"偷偷告诉亲，今天页面上刚发布了满 300 元减 50 元的优惠券呢，快去找找吧，找到不要忘记告诉我哟。"

4. 价值对比

"亲亲，咱们是小店，薄利多销，我们赚的是口碑呢，我们的面料是……做工是……一分钱一分货，我们从中挑选最好的一件给您，您放心购买就可以了。"

5. 利益优惠

"亲，这个价格本来就是最低价了，没有办法再便宜了。您只要下单，以后无论是您还是您的朋友在我家购物，我们都会给予不同金额的优惠。"

---

**相关链接**

### 2021 年某店铺"双 11"活动前售前客服培训要点

在促销活动开始前，售前客服应熟练掌握活动规则及店铺促销策略。比如，店铺优惠活动的设置；店铺预售款、活动款等商品的卖点、功能等。售前客服在与客户进行沟通时，为完成订单的销售，应该注意以下 4 点：

1. 取得客户的信任

行为坦诚、语言真诚，表现出敢于负责任的态度，这往往容易取得客户的信任。

2. 分析自己店铺商品的优势

售前客服要把本店商品和竞品的各种优劣势进行详细比较，采用数据、证书等直观的方式，从店铺的状况及商品的定位、包装、质量等方面向客户突出自己商品的优势。

3. 强调完善的服务

售前客服可以告诉客户自己店铺的商品有着完善的服务体系，以及能够提供更完善的增值服务。

4. 强调价格的合理

售前客服应证明本店商品的定价是合理的。证明方法就是使用说服技巧，透彻地分析并讲解商品在设计、质量、功能等方面的优点。

# 任务三 设置快捷短语和 FAQ

## 一、准备 FAQ 和快捷短语

繁重的工作、大量的客户咨询、客户反复咨询相同的问题让售前客服身心疲惫。通过接待大量的客户，我们发现其实客户关心与咨询的问题并不是截然不同的，其中会有很多重复性问题。基于客户咨询的这个特点，售前客服为了减少自己的工作量，都会制作一份"常见问题列表"，也就是我们常说的 FAQ。

FAQ 是英文 Frequently Asked Questions 的缩写，中文意思就是"经常问到的问题"，或者叫作"常见问题列表"。FAQ 是当前网络上提供在线帮助的主要工具，通过事先组织好一些可能的常用问答，为客户提供咨询服务。

在网络营销中，FAQ 被认为是一种常用的在线客户服务手段，一个好的 FAQ 系统，应该至少可以回答客户 80%的一般问题，以及常见问题。这样不仅方便了客户，也大大减轻了售前客服的压力，节省了大量的客户服务成本，并且提升了客户的满意度。因此，一个优秀的售前客服应该重视 FAQ 的设计。

FAQ 中的问题是客户常问的问题。为保证 FAQ 的有效性，售前客服首先要经常更新问题，回答客户提出的一些热点问题；其次，提出的问题要短小精悍，对于出现频率高的简单问题，不宜用很长的文本文件，这样会浪费客户的时间。对于一些重要问题，应在保证答案精准的前提下尽可能简短。

售前客服设计 FAQ 的流程如下。

1. 导出近两个月的聊天记录，梳理客户的高频热点问题，做成 FAQ；

2. 梳理店铺的商品信息，商品信息一般由商品的基础属性组成，提炼商品的主要卖点（如设计亮点、个性化特点、商品介绍等），做成 FAQ；

3. 将客户最经常问的问题放到前面，其他问题可以按照一定的规律排列；

4. 在聊天工具后台设置快捷短语，售前客服可以通过输入关键字直接找到有关问题并快速回复客户。

售前客服的 FAQ 举例如表 3-1 所示。

表 3-1

| 问题类型 | 具体问题 |
| --- | --- |
| 欢迎问好 | 欢迎光临，很高兴为您服务，有什么需要帮助的吗 |

续表

| 问题类型 | 具体问题 |
|---|---|
| 发货问题 | 您好，在您下单后系统就会争分夺秒地为您加紧处理，正常情况下会在您支付订单成功后 48 小时内为您配货发货；如遇商品预售（预订）、节假日、大促等情况，发货日期以商品页面标注的日期或平台规则为准 |
| 退换货 | 您好，我们店铺对所售商品（特殊说明商品除外）提供 7 天（含）退货、15 天（含）质量问题换货和保修服务。温馨提醒：若非质量问题，退回运费需要您承担 |
| 正品问题 | 您好，我们店铺所有商品均为品牌直供，支持专柜验货，请您放心购买 |
| 发票问题 | 您好，凡是在本店购物均提供正规增值税普通发票，享受全面的售后保障。本店提供两种发票，即电子发票与纸质发票，下单时客户可以任意选择一种，本店默认电子发票 |
| 快递问题 | 您好，目前店内合作的物流是时效性较好的顺丰和覆盖面积较广的圆通两家快递公司，不支持指定的呢，系统会根据您的地址匹配最适合的快递安排发货哦 |
| 店铺活动 | "双 11"购物返场了，活动满 300 元减 30 元！！！在 2021 年 11 月 12 日到 11 月 30 日下单付款后系统自动为您免费升级为永久 VIP，享受终身 9 折服务 |

## 二、FAQ 和快捷短语设置

1. 打开千牛的聊天窗口，在输入窗口的右上角找到"快捷短语"选项，单击进入快捷短语页面，如图 3-15 所示。

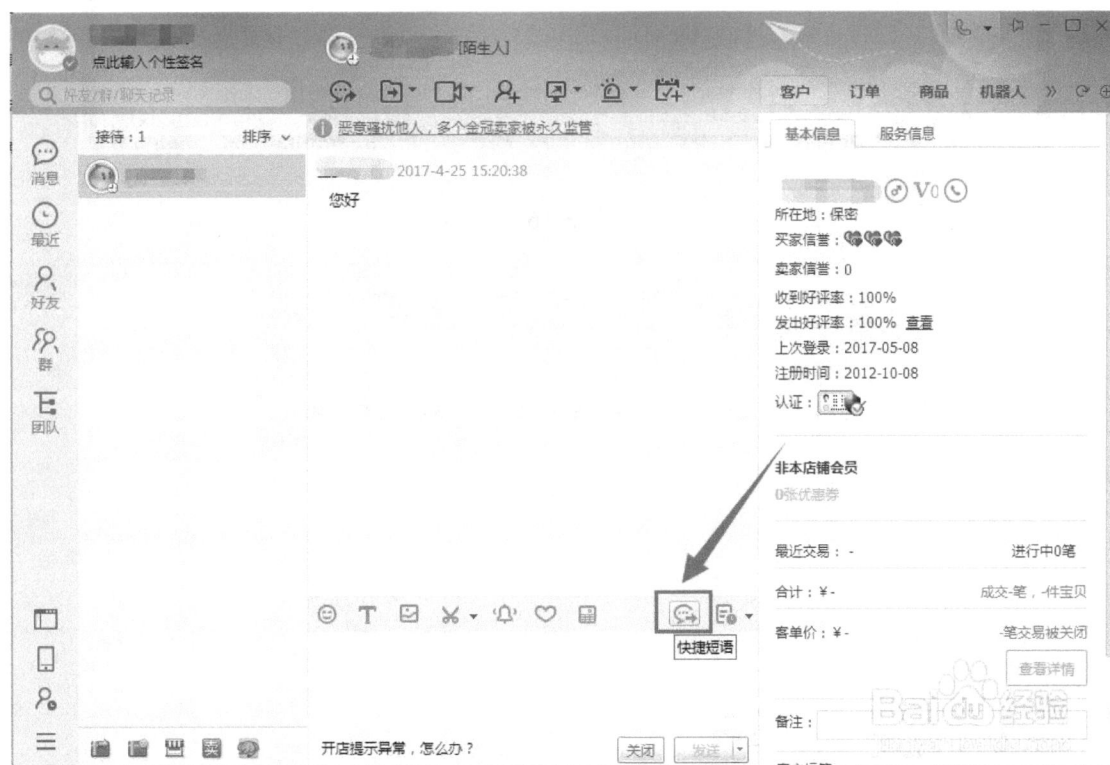

图 3-15

2．如果编辑个人使用的快捷短语，可以在页面选择"个人"选项，在左下角找到"新建"选项，单击进入新建页面，如图3-16所示。

3．对快捷短语进行编辑。在编辑快捷短语的时候，要使其内容生动，能有效回复问题。为了方便管理快捷短语，可以为其设置分组。还可以设置快捷编码，这样售前客服在使用过程中，直接在输入框输入"／"及快捷短语的编码，按回车键即可，也可以使用鼠标点选，如图3-17所示。

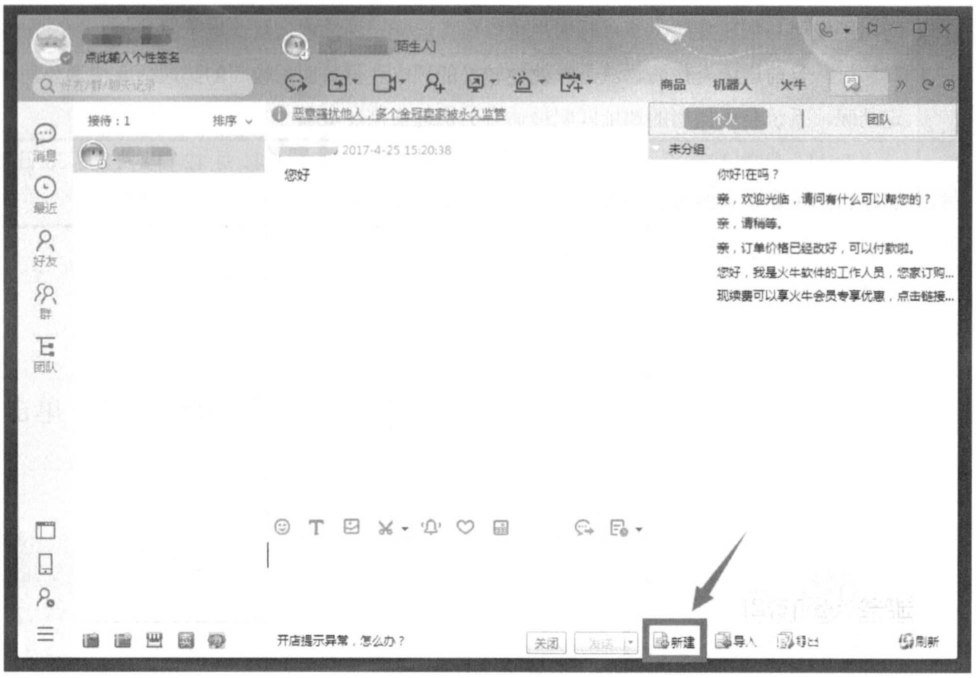

图 3-16

图 3-17

4．将设计好的快捷短语做成表格直接导入，如图 3-18、图 3-19 所示。

图 3-18

图 3-19

## 项目检测

### 一、选择题

1．下列不属于首次响应的重要性的是（　　　）。

　　A．拉低搜索权重　　　　　　　　　B．增加流失比例

　　C．降低购物体验　　　　　　　　　D．增加售后风险

2．在客户咨询库存问题时，售前客服最妥当的回复是（　　　）。

　　A．有货

　　B．能拍的就有货，不能拍的就没有货

C．页面上的库存是准的

D．亲，眼光真好，这是我们店铺卖得最好的一款宝贝，您需要哪个颜色？我帮您确认一下库存

3．在客户咨询商品的尺码问题时，售前客服不应该回复（    ）。

A．亲，可以参考详情页的尺码表

B．亲，您能提供身高和体重吗？我帮您参考一下尺码

C．亲，根据您的身高和体重，建议选×码，您也可以根据自己平时穿的尺码选择

D．亲，您穿 M 码就可以，如果您喜欢宽松的风格，也可以选择 L 码

4．假如客户说"我还是学生（刚参加工作），掌柜你就便宜点啦"，售前客服不可以采用的话术是（    ）。

A．亲，咱是小店，薄利多销，我也做过市场调查的，我们这样质量的衣服在淘宝上也是不多见的呢，您看我这个面料是……和别人的那种面料是不一样的哦

B．亲，我们家的宝贝质量是有保证的，俗话说一分钱一分货，您也可以对比一下其他店的宝贝，请您多多理解哦，需要的话请您继续联系我

C．亲，价格不能优惠了

D．亲，价格不能更改了，不喜欢可以不买

5．售前客服在回答客户咨询时，应避免（    ）。

A．热情真诚的服务态度

B．丰富的商品知识储备

C．委婉地拒绝客户

D．为了方便，用一个字回答客户

6．客户要求售前客服修改订单价格才付款，售前客服应该（    ）。

A．直接帮客户修改订单，让客户付款

B．告知客户店铺是不议价的，没有办法修改订单

C．直接不理会客户，爱买不买

D．让客户多买就修改，不多买就不修改

7．了解淘宝规则的最佳途径是（    ）。

A．进入淘宝官方唯一规则发布平台——规则频道

B．到 Google 搜索

C．到淘宝社区看帖

D．向其他商家询问

8．下列说法正确的是（　　）。

A．FAQ 就是常见问题解答，一般设定好就不变了

B．FAQ 能写多少就写多少，要尽量全面

C．FAQ 应尽量短小精悍，保证精准

D．在设计好 FAQ 以后就不再需要有经验的售前客服了

## 二、简答题

1．售前客服留住客户常用的方法有哪些？

2．售前客服在接待客户时，如何才能表现出礼貌热情的态度呢？

3．什么是 FAQ？怎样设计一个 FAQ？

## 三、实训题

根据本章所学知识为"衣心衣意"女装店设计一个 FAQ，将表 3-2 中的内容填写完整，注意语气助词和表情符号的应用。

表 3-2

| 常见问题 | 快捷回复 |
| --- | --- |
| 欢迎问好 | |
| 发票问题 | |
| 快递问题 | |
| 店铺活动 | |
| 优惠商品 | |
| 嫌贵议价 | |
| 礼貌告别 | |

**客服新媒**

### 快手电商上线自研智能客服机器人，协同助力商家降本提效

保障客户优质的消费体验，是快手电商助力商家成长的重要环节。为了打造更立体的生意模式和购物体验，扶持商家在"116 品质购物节"（以下简称"116"）期间进一步成长，快手电商正式上线自研智能客服机器人，帮助商家优化运营管理，更好地备战"116"。

据悉，当前使用智能客服机器人产品的快手商家已突破 1.3 万个，累计 30 个千万级粉丝级别的商家接入，日均接待客户超过 40 万个，众多商家对智能客服机器人给予了好评。

快手电商智能客服机器人利用了业内前沿的自然语言处理技术，从而实现客户咨询意图的精确理解和情绪表达刻画，在快速、准确响应客户问题的同时，提供了更贴心和人性化的交互体验。

商家只需要登录电脑版快手电商后台，单击"客服管理"—"客服机器人"进入快手电商智能客服机器人页面，开启智能客服机器人，即可享受智能服务，进行问答知识管理和店铺接待配置。

快手电商智能客服机器人拥有负面情绪识别功能、商品关联功能和通用知识库服务三大特色功能。为了给客户提供更佳的体验，当识别到客户有负面情绪时，智能客服机器人会及时给予安抚，并转接至人工客服接待；当客户咨询某一商品时，智能客服机器人可以针对该商品进行精准回答。

在通用知识库服务中，快手专业机器人训练师会为商家配置多个买家问法和答案，大大提升了客服效率。商家还可以通过自定义维护，实现在日常和夜间都可以秒级响应，为客户提供 7×24 小时、及时和稳定的咨询体验，消除"无人搭理"的客户体验损伤。

快手电商智能客服机器人覆盖的咨询场景较为广泛，对于直播电商大促和直播单量波动大、客服人手不足、日常高频重复咨询和夜间咨询量较低、客服人力 ROI 低的现状，智能客服机器人都可以很好地助力商家降本提效。当前，快手电商智能客服机器人会话转人工率低于 35%，覆盖 70% 的沟通、简单咨询场景，整体预估为商家节省人力近千人。

通过接入智能客服机器人，10 万元规模的中小商家可以将 3 分钟回复率从平均 35% 提升至 70%，实现在零客服人力追加投入下回复率星级分数达标，获得更多平台权益。

目前，大量商家借助快手电商智能客服机器人实现了高效的客服回应，智能客服机器人的询单支付转化率、客单价与人工基本持平，借助人机协同更好地响应询单，提升了询单成交率。

在快手电商智能客服机器人的帮助下，不少商家提高了运营能力，从而在"116"期间取得了更好的销售成绩。未来，快手电商将持续释放智能技术的应用价值，推出和优化电商辅助运营产品，以智能服务提升客户体验，扶持更多商家快速成长。

# 项目 4

## 促成售中交易

　　客户能否快速下单对店铺经营影响很大。从店铺营销方面来讲，商家应该想方设法地让客户减少思考的时间，快速做出决定。售中客服经常碰到客户看中了网店里的商品却迟迟不肯下单的情况。这时候，售中客服应运用恰当的技巧促成客户下单。

### 学习目标

- 素质目标

  1. 具有饱满的工作热情和各种问题的分析解决能力；

  2. 保持积极的工作态度，坚守诚信，具备良好的沟通协调能力；

  3. 践行社会主义核心价值观，遵守法律法规和商业道德，营造良好的网络生态。

- 知识目标

  1. 了解客户异议及相应解决措施；

  2. 了解说服客户的原则；

  3. 掌握促成订单的技巧和各种方法；

  4. 掌握促成客户付款的各种工作内容；

  5. 掌握处理订单的操作步骤。

- 能力目标

  1. 学会促成下单的各种技巧；

  2. 能够合理地处理订单的相关信息。

## 网上销售其实也不难

蕾蕾是一家天猫网店的售中客服。她性格活泼开朗，还很乐于助人。同事在遇到难题时，也喜欢找蕾蕾一起解决。凭借出色的工作表现和销售业绩，很快蕾蕾就从一名普通的售中客服晋升为金牌客服。究竟是什么本领让蕾蕾提升这么快呢？店长专门将网店的所有客服人员召集在一起，让他们来学习蕾蕾宝贵的工作经验。

蕾蕾笑了笑说："在刚开始做网店客服时，自己也遇到各种各样的困难，尤其是在遇到不讲道理的客户时，更是不知道该怎么办。网上销售看似是一个很简单的工作，但要做好还是需要花费一定的时间和精力的，尤其像这种无法面对面交流，只能通过文字聊天来完成的销售过程，对我们在线客服人员的语言沟通能力提出了较高要求。如何才能更好地发挥自己语言上的优势，有效地促成订单，这值得我们客服人员深入思考和总结。

"例如，我前天接待的一位客户说：'经过您的介绍，我已经深入了解了这款鞋子。然而，我发现这款鞋子的鞋带与其他网店的鞋子有所不同，鞋带上存在差别应该不会是牌子真假的问题吧？'面对客户的提问，我们一般会这样回答：'亲，我们网店所售商品的质量都是有保障的，可提供质量报告，并且我们网店支持 7 天无理由退货，您可以放心购买。'也可能会这样回答客户：'先生，您真细心，能注意到这么小的细节。这的确不是牌子的问题，我们这个商品正巧和其他网店的同类商品有小小的不同。'其实，客户都喜欢客服人员顺从自己的意思，他们会因此产生一种存在感，而这种存在感在一定程度上能促使客户下单。因此，客服人员要懂得顺从客户的想法，特别是当自己的意见与客户的想法一致时，更要懂得去附和，从而让客户对商品产生浓厚的兴趣，让客户心花怒放，爽快下单。

"当然，这只是我们在销售过程中遇到的千千万万个案例中的一个，以后还会遇到更多的客户。这就需要我们在服务客户的过程中不断地去分析和总结，遇到问题就解决问题，不要害怕，更不要退缩。随着时间的沉淀，我们掌握的销售知识和技能就会越来越多，处理问题的能力也会越来越强。"

网店售中客服的工作直接关系到网店的成交量。那么，售中客服的工作内容有哪些呢？

# 任务一　促成交易

## 一、促成客户下单

在绝大多数情况下，客户多少都会对商品产生一些异议。此时，只要售中客服能够处理好异议并让客户满意，就很可能会促成客户下单。因此，售中客服一定要学会处理异议的方法。

常见的异议涉及商品质量、包装、价格、色差、发货时间、尺寸及快递等方面。例如，如果客户对网店的优惠存在异议，售中客服一般可以通过介绍商品本身的优势来打动客户，说已经是最大优惠，但是可以强调多买多优惠、优惠券、网店 VIP 等。

### 1. 处理客户异议

售中客服在处理客户异议时要善于抓住本质和关键，应注意 3 个方面。

（1）站在客户的角度思考问题。

当客户产生异议时，售中客服首先要明确异议的本质，然后站在客户的角度思考产生该异议的直接原因，并找出分歧点，最后利用数据和事实消除客户疑虑或误解，与客户达成共识。

（2）阐述商品的优势。

客户最关心的是商品质量、商品价格、生产技术水平、售后服务等，售中客服可以从这几个方面去阐述商品的优势。要把商品优势说清楚，售中客服不仅要对商品本身有深入的了解，能说清楚商品的特征、原材料选料、制作工艺、包装、价格服务等，还要对同行业相关商品有深入透彻的了解，通过对比分析让客户明白商品的优势。

（3）说出客户的利益。

当客户对商品的质量有异议时，售中客服除了向其说明商品的质保信息，还可以突出客户所能享受的利益。例如，当客户问"质量有保证吗"时，售中客服可以这样回复："这件 T 恤是纯棉的，吸汗透气，您穿着去打网球会非常舒适，对皮肤也是很好的呢！"

### 2. 客户产生异议的原因

客户产生异议的原因是多方面的，大多是对价格的不满、对商品的不信任及对售前客服工作的怀疑等。针对不同的原因，售中客服需要进行耐心的解释。

（1）对价格的不满。

如果客户的购买意图非常强烈，希望价格能有所优惠，售中客服可以采取相应的措施，坚持商品应有的价格。售中客服可以通过赠送小礼品、发放优惠券、让客户成为店铺 VIP

等方式，弥补客户内心的失落感。

（2）对商品的不信任。

很多客户会通过对商品的挑剔，迫使售中客服做出价格上的让步，从而获取价格上的优惠。此时，售中客服可以采取以下措施：

① 对比，让客户对比同类商品的价格和质量，突出自身商品的优势；

② 求证，用销售数据和其他客户的反馈突出商品的优势；

③ 承诺，向客户做出退货退款的品质承诺。

（3）对售前客服工作的怀疑。

当客户对售前客服的话语和服务不满意时，我们可以采取以下措施：

① 不管问题出在哪一方，及时向客户道歉；

② 更换售中客服，一对一进行服务。

### 3. 客户下单的必要条件

虽然客户对商家的商品有着浓厚的兴趣，但是如果想要达成交易，商家还应该满足以下几点要求。

（1）满足客户的需要。

越能满足客户最强烈的需要，订单就越有可能成交。成交的概率往往与客户需求的强度成正比。

（2）让客户产生购买欲望。

客户有了需要，就会产生购买欲望；有了购买欲望，才能做出购买行为。

（3）让客户对商品有所了解。

客户在有了某种需求后，就会具体了解商品能否满足他的需求。客户一般不会在自己还不了解商品时就购买，这也是进入成交阶段的基础。售中客服可以通过向客户提问来分析客户是否了解店铺里的商品，以及是否愿意成交。如果客户还没有充分了解商品，那么他自然会毫不客气地拒绝成交。

（4）让客户对商家产生信任。

客户的信任也是达成交易的必不可少的条件之一。没有信任的态度，不管你的商品多么吸引人，客户都会动摇。因为客户更多考虑的是购买的商品的使用效果，如果商品不能给客户提供可靠的信誉保证，那么客户是不会轻易购买的。

（5）要在适当的时机促使客户做出购买决定。

"急于求成"反而会"欲速则不达"，与客户达成交易要等待适当的时机。每次沟通有高潮和低潮之分，如果没有能够在高潮时与客户达成交易，那么应该争取在下一次沟通的高潮时与客户达成交易。但不要为了达成交易而做出太大的让步，这样反而更容易引起客户的怀疑，从而影响到店铺的信誉及最终的销售。

（6）抓住重点，解决关键问题。

影响客户做出购买决定的因素往往集中在一两个重点问题上。售中客服应及时抓住这一两个重点问题，努力说服客户，有针对性地打消客户的疑虑。这一两个重点问题解决了，客户的态度就明朗了，交易也就达成了。这是一种极其有效的方法，这样做还可以缩减沟通内容，压缩沟通时间，提高工作效率。

（7）排除异议。

客户异议表现在多个方面，如价格异议、功能异议、服务异议、购买时机异议等。有效地排除客户异议是达成交易的必要条件。一位有经验的售中客服在面对客户争议时，既要采取不蔑视、不回避、注意倾听的态度，又要灵活地运用有利于排除客户异议的各种技巧。

（8）深入了解客户。

让客户感兴趣的是什么？他会提出什么样的反对意见？客户为什么会做出这样的购买决定？售中客服应先了解清楚这一切，然后针对客户的情况寻求相应的对策，尽快促使客户做出购买决定。

即使客户拒绝购买，售中客服也不应该放弃努力。成功交易诚然是网上开店的直接目的，但这并不是一锤子买卖，这次没达成交易没关系，保持良好的关系，以后还可以沟通。从长远来看，一切事物都处在变化之中，新情况随时都有可能出现，今天什么都没买的客户，以后却可能成为你的大客户。

### 4．说服客户的原则

（1）先假定客户是认同的。

从沟通一开始，售中客服就应该营造一种说"是"的氛围，而不要营造一种说"否"的氛围。也就是不要把客户置于不同意、不愿做的位置，然后去批驳他、劝说他。例如，"我知道你不会买，可是你已经拍下了，还能怎样呢"，这样的说法客户往往是难以接受的。在说服客户时，售中客服要先假定客户是认同的，如"我知道您觉得这件商品挺适合您，只是还有点犹豫而已""这条裙子很适合您"等，从积极、主动的角度去启发、鼓励客户，帮助他提高信心，并接受自己的建议。

（2）一切从客户的角度出发。

售中客服从一开始就要营造出认同的氛围，从客户的角度出发，为客户着想，再理性分析，对症下药，站在专业的角度为客户出谋划策。

售中客服必须将真心、诚心作为服务宗旨，这是维护良好客户关系的基础。与客户的交易一定要追求双赢。在交易时要注意，不要把对客户没有用或并不适合客户的商品介绍给他，也不要让客户花多余的钱，要尽量减少客户不必要的开支。即使没有交易成功，多交一个朋友，收获也不小。

从客户的角度出发，站在客户的立场上考虑问题，是取得客户信任的前提。只有这样，售中客服才能想客户之所想，急客户之所急，最终取得客户的信任。在沟通中，售中客服友善的态度、饱满的工作热情也有助于取得客户的信任。售中客服要注意和客户保持长期关系，要知道信任感是可以累积的，这有利于以后服务工作的开展。

（3）积极取得客户的信任。

售中客服说服客户的关键就是取得客户的信任。客户只有在相信售中客服之后，才会正确、友好地理解售中客服的观点和理由。社会心理学家认为，信任是人际沟通的"过滤器"。对方只有信任你，才会理解你友好的动机，否则，即使你说服他的动机是友好的，也会经过"不信任"的"过滤器"而变成其他意图。因此，在说服客户时取得客户的信任对售中客服来说是非常重要的。

### 5．促成订单的技巧

在成功解决客户异议后，售中客服可以利用一些技巧来加快订单的生成。如表 4-1 所示为常见的促成订单的技巧。

表 4-1

| 编号 | 技　巧 | 举　例 |
|---|---|---|
| 1 | 有条理地回答客户的问题 | ①有利于促成订单的先说 |
| | | ②少说或者不说"如果"，多说强项 |
| | | ③将 FAB 原则应用于聊天 |
| 2 | 多说强项，少说弱项 | 客户："请问这款尿不湿有尿湿显示吗？"<br>售中客服："亲，没有尿显哦，这款尿裤是超薄型的，妈妈很容易判断宝宝是否尿过了，不需要尿显的哦！" |

续表

| 编号 | 技　巧 | 举　例 |
|---|---|---|
| 3 | 营造下单紧迫感 | ①活动现在要结束了 |
| | | ②现在订购可以优惠 |
| | | ③早下单可以享受优惠 |
| | | ④马上要发货了 |
| 4 | 暗示引导客户 | ①拍下后帮您改价 |
| | | ②拍下后帮您申请优惠 |
| 5 | 引导收藏并加入购物车 | ①亲，收藏网店可以领取优惠券 |
| | | ②您好，先加入购物车，"双 11"自动改价哦 |

如图 4-1 所示为催单话术。

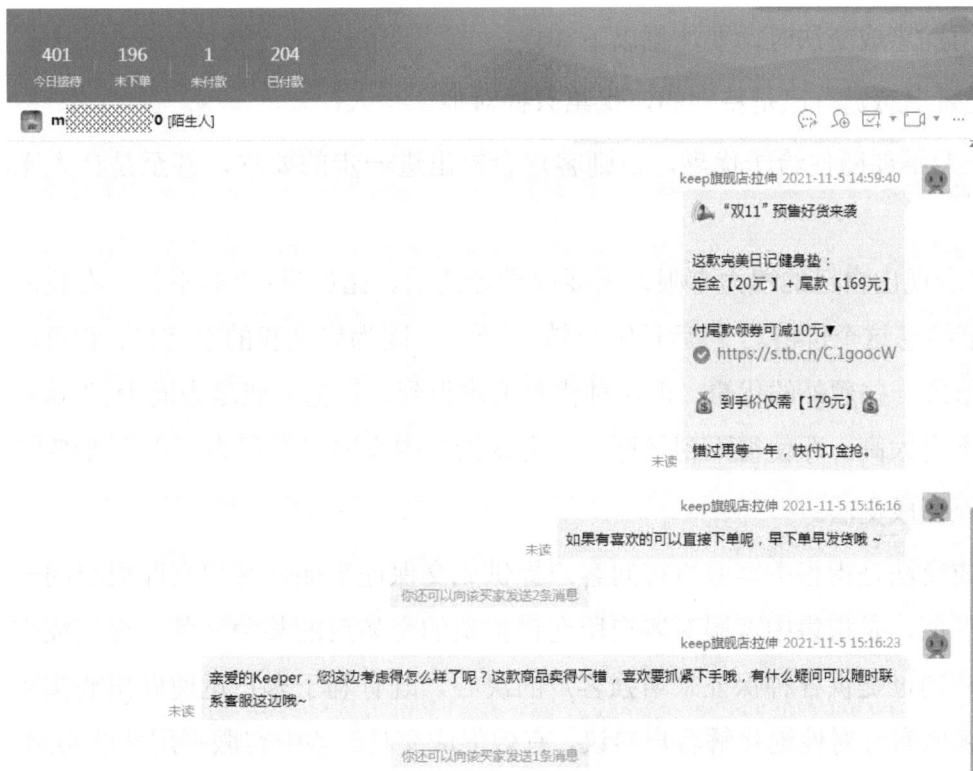

图 4-1

## 6．尽快促成交易的方法

（1）优惠成交法。

优惠成交法又称让步成交法，是通过提供优惠条件促使客户立即购买的一种方法。这种方法主要利用客户购买商品的求利心理，通过销售让利促使客户成交。这种方法能够增强客户的购买欲望，使买卖双方的关系更加融洽，有利于双方长期合作。

这种方法尤其适用于销售某些滞销品，以减轻库存压力，加快存货周转速度。但是，采取优惠成交法，通过让利来促成交易，必将导致销售成本增加，如果没有把握好让利的尺度，则还会减少销售收益。

**客服典例**

客户："如果我在买了这件商品以后发现有问题，比如质量问题，该怎么办呢？"

售中客服："我们商品的生产过程是非常严谨的，绝对没有问题。万一出现问题，我们将马上给您更换。"

在使用优惠成交法时，要注意以下 3 点：

① 让客户感觉自己是特别的，优惠只针对他一个人；

② 千万不要随便给予优惠，否则客户会提出进一步的要求，甚至是让人无法接受的要求；

③ 先表现出自己的权力有限，需要向领导请示。比如说："对不起，在我的处理权限内，我只能给您这个价格。"然后话锋一转："不过，因为您是我的老客户，我可以向经理请示一下，给您一些额外的优惠。但这种优惠很难得到，我也只能尽力而为。"这样，客户的期望值就不会太高，即使得不到优惠，也会认为售中客服已经尽力，不会埋怨售中客服。

（2）保证成交法。

保证成交法是指售中客服直接向客户提供成交保证来促使客户立即成交的一种方法。所谓成交保证，是指售中客服对客户所允诺担负的交易后的某种义务。保证成交法针对客户的疑虑，通过提供各种保证来增强客户的决心，既有利于客户迅速做出购买决定，也有利于售中客服有针对性地化解客户异议，有效促成交易。售中客服采用此法必须"言必信，行必果"，否则势必会失去客户的信任。

采用保证成交法的优点有：

① 可以消除客户的成交心理障碍；

② 可以增强客户成交的信心；

③ 可以增强说服力和感染力；

④ 有利于售中客服妥善处理与成交有关的异议。

保证成交法适用于如下几种情况。

① 商品单价高昂，成交金额大，风险大，并且客户对商品不十分了解，对其性能、质量没有把握，存在成交心理障碍，犹豫不决。此时，售中客服应向客户提供保证，以增强客户成交的信心。

② 在客户心目中商品的规格、结构、性能复杂，这时售中客服应向客户提供商品性能保证，打消其疑虑。

③ 客户对交易后可能遇到的一些问题还有顾虑，如运输问题、安装问题等，此时售中客服应通过提供保证，解除客户的后顾之忧，促使其尽快做出成交决定，如图 4-2 所示。

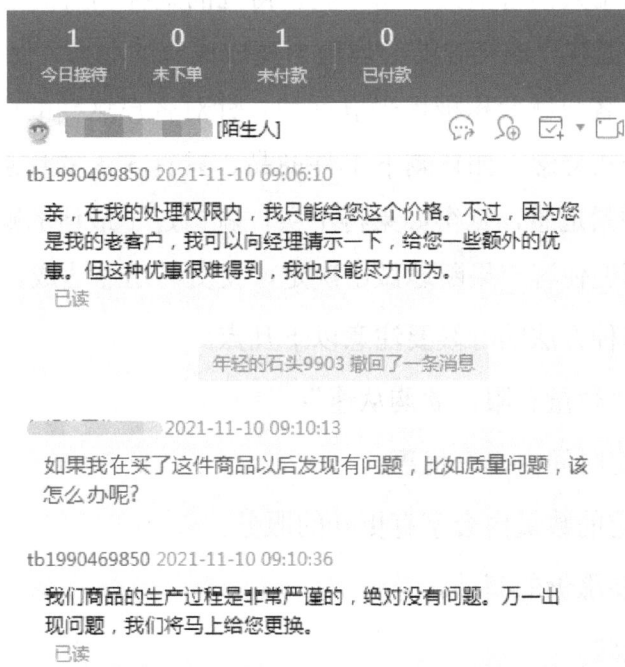

图 4-2

（3）从众成交法。

从众成交法也称排队成交法，是售中客服利用客户的从众心理，促使客户立刻购买商品的一种方法。在运用此方法前，售中客服必须分析客户类型及其购买心理，有针对性地适时采用，积极促使客户购买。

从众成交法可简化售中客服劝说的内容，降低劝说的难度，但不利于准确、全面地传递各种商品信息，对于个性较强、喜欢表现自我的客户往往会起到相反的作用。在使用从众成交法时出示的有关文件、数据必须真实可信，采用的各种方式必须以事实为依据，不能凭空捏造、欺骗客户。否则，受从众效应的影响，不但不能促成交易，反而会影响店铺的信誉。

例如，客户看中了一台豆浆机，却没有决定是否购买。这时售中客服可以告诉客户：

"您真有眼光，这是目前最为热销的豆浆机，平均每天要卖出 200 多台，旺季还要预订。"如果客户还在犹豫，则售中客服可以说："我们员工也都在用这款豆浆机，都说方便、实惠。"这样，客户就很容易做出购买决定了。

（4）机不可失成交法。

机不可失成交法主要利用了人们"怕买不到"的心理。人们对越得不到、买不到的东西，越想得到、买到，这是人性的弱点。一旦客户意识到购买这种商品是难得的良机，那么他会立即采取行动。机不可失成交法正是抓住了客户"得之以喜，失之以苦"的心理，通过给客户施加一定的压力，来敦促其及时做出购买决定。

机不可失成交法利用人们害怕失去原本能够得到的某种利益的心理，引起客户的注意，刺激客户的购买欲望，把客户成交时的心理压力变成成交的动力，促使他们主动提出成交。在这种心理的作用下，客户就会积极地采取行动。针对客户这样的心理，售中客服在与其沟通时，要善于制造一些悬念，如只剩下 1 件商品、只有 5 天的优惠活动、已经有人订购了等，让客户产生一种紧迫感，觉得如果再不买，就错过了最佳的购买机会，可能以后就没有机会得到了，从而促使客户果断地做出决定，使交易迅速达成。

售中客服在使用这种方法的时候要注意以下几点。

① 限数量：表示"数量有限，欲购从速"；

② 限时间：在指定时间内享有优惠；

③ 限服务：在指定的数量内会享有更好的服务；

④ 限价格：针对要涨价的商品。

（5）赞美肯定成交法。

赞美肯定成交法是售中客服以肯定的赞语坚定客户的购买信心，从而促成交易的一种方法。肯定的赞语对客户而言是一种动力，可以使犹豫者变得果断，使拒绝者无法拒绝。

在网络交易中，售中客服可以运用一些赞美的小技巧，让客户在购物的过程中不仅能买到自己中意的宝贝，也能收获一份好心情。更重要的是，这会让客户加深对店铺的好印象。如果客户对商品很满意，那么他最终会成为店铺最忠实的客户。

例如，当一位女客户为挑选上衣的颜色而犹豫不决时，售中客服采用赞美肯定成交法应说：

"您还是选那件黑色上衣吧！黑色是今年的流行色，您穿上更显得与众不同。"

"您真是独具慧眼，您挑的上衣正是今年最流行的款式。"

售中客服由衷的赞语是对客户最大的鼓励，可以有效地促使客户做出购买决定。售中客服采用赞美肯定成交法，必须确认客户对商品已产生浓厚的兴趣。售中客服在赞美客户时一定要发自内心，态度要诚恳，语言要实在，不要夸夸其谈，更不能欺骗客户。

（6）步步为营成交法。

步步为营成交法需要牢牢抓住客户所说的话，来促使交易成功。这种成交法对交易有很大的好处。步步为营成交法要求售中客服一步一步地解决客户提出的问题，沟通尽量围绕客户的问题展开。如果客户说："你这里的手机还不错，价格也比较合适，但是我希望能够购买到一部款式时尚、功能齐全的手机，好像你这里没有适合我使用的手机。"这时，售中客服可以马上回复："有的，我给您推荐一款满足您需求的手机，并且价格同样实惠，您能拍下吗？"运用这种方法的技巧就是牢牢抓住客户所说的话，这样一般成交的概率比较大。

**客服典例**

一位客户进入店铺后，要求客服人员给他推荐一款手机。

客服人员："这款手机不错，您看怎么样？"

客户："这款手机的颜色搭配不怎么样，我喜欢那种黑色的。"

客服人员："我为您找一款黑色的，怎么样？"

客户："哎呀，价格是不是太高了？我出不起那么多钱，我最多能出 1 800 元！"

客服人员："您别急，我问问老板，看看最低多少钱，如果能降到差不多的价格，您买吗？"

（7）用途示范成交法。

售中客服在向客户介绍商品时，免不了要介绍商品的用途，但这并不意味着仅仅罗列商品的用途，还需要进行演示。例如，利用摄像头现场示范或者拍摄一些视频短片，往往会加深客户对商品的印象，增加他们对商品的信任感。这样，客户一方面早已心动，另一方面也体会到了商品的特点，就会毫不犹豫地购买。

## 二、促成客户付款

催付是指客户在拍下商品后没有付款，售中客服引导客户付款的行为。这类客户都是购物意向非常明确的客户，但很多卖家往往忽略了这类客户的重要性，而且也没有真正有效地去做催付这件事情。在常规交易中，如果客户在拍下商品后 72 小时内没有付款，那么这笔订单将被自动关闭。订单关闭也就意味着卖家没有成功卖出商品，这对店铺来说就是销售额上的损失。为了顺利完成订单，提高销售量，售中客服需要采取一定的方法进行催付。催付是提高询单转化率最直接、最有效的方法。那么，售中客服应如何做好催付工作呢？

**1. 挑选订单**

在进行催付前，售中客服首先要知道在哪里可以查看"等待买家付款"的订单。最常用的方法是通过千牛卖家工作台进行查看，具体操作如下。

（1）进入千牛卖家工作台首页，在左侧列表中单击"交易管理"模块中的"已卖出的宝贝"超链接，如图4-3所示。

图 4-3

（2）在打开的"已卖出的宝贝"页面中单击"等待买家付款"选项，此时，展开的列表中显示了所有未付款的订单，如图4-4所示。

图 4-4

（3）如果订单量比较大，可以单击"已卖出的宝贝"页面中的"批量导出"按钮，然后在展开的列表中单击"生成报表"按钮，如图 4-5 所示。

图 4-5

（4）打开"批量导出"页面，单击"下载订单报表"按钮，如图 4-6 所示。

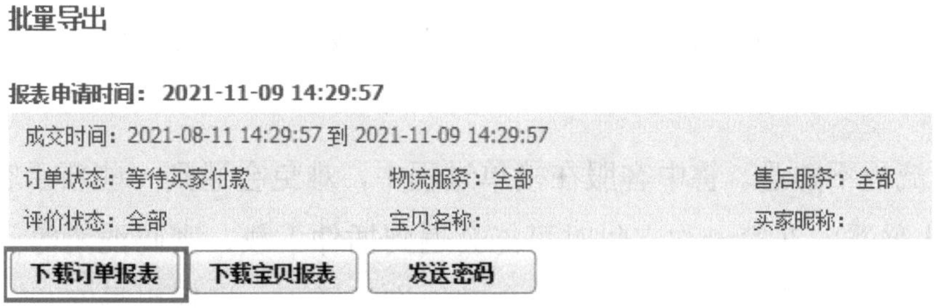

图 4-6

在下载完毕后，售中客服即可在 Excel 文档中查看客户的会员名、应付货款、联系电话、收货地址等信息，然后根据订单信息来确定催付顺序。

2．分析未付款原因

在收集了订单信息后，售中客服首先应该分析客户在拍下商品后迟迟没有付款的原因，然后对症下药。如果只是盲目地催客户付款，反而会适得其反。售中客服要把未付款的原因看作客户遇到的问题，然后带着这些问题去思考，最后帮助客户解决问题，自然交易就促成了。客户未付款的原因一般可以分为主观原因和客观原因两类。

（1）主观原因。

主观原因又可以总结为 3 类：

① 客户与售中客服对商品的价格无法达成一致；

② 客户对商品持怀疑态度；

③ 客户想另寻商家。

针对上述 3 类原因，我们总结了相应的解决方法。

① 议价不成功。客户进行议价，一般出于占便宜的心理。此时，售中客服可以采用赠送小礼品或使客户升级为网店 VIP 等方式来满足客户占便宜的心理，也可以试探客户的心理价位，以便提高催付成功率。

② 有所疑虑。如果客户未付款的原因是心里有疑虑，那么，售中客服就要努力为客户消除疑虑，促使其尽快付款。如果客户有商品质量方面的疑虑，售中客服就要在交流时准确地描述商品的工艺、材质、使用技术等，甚至可以为客户提供相关的质检报告和客户评价。如果网点支持 7 天无理由退货，售中客服还可以为客户说明这一保障，让其放心购买。

③ 另寻商家。如果是货比三家的客户，售中客服可以从商品本身及服务去寻找差异，将这些卖点及差异展现给客户，为本店商品加分，促使客户付款。

（2）客观原因。

除了主观原因，客户迟迟未付款也可能是一些客观原因引起的，如一些新手客户对购物流程不熟悉、忘记支付密码、支付宝余额不足等。对于这些客观原因，我们也有相应的应对措施。

① 对购物流程不熟悉。售中客服在接单过程中，难免会遇到一些新手客户，这类客户对购物流程不大熟悉，在第一次支付时可能会遇到插件下载、密码混淆等问题，最终导致订单支付失败。此时，售中客服应积极、主动地询问原因，慢慢引导客户一步一步地完成支付操作。

② 忘记支付密码。有些客户可能会忘记支付密码，并且不知道具体怎么操作。此时，售中客服要熟悉重置密码的方法，并帮助客户找回支付密码，最终完成付款操作。

③ 支付宝余额不足。当客户说支付宝余额不足不能付款时，售中客服可以建议客户使用其他支付方式进行付款，即在付款页面中单击"其他付款方式"按钮，然后根据需要选择相应的支付方式来完成付款，如选择银行卡支付、信用卡支付、花呗支付等。

### 3. 了解未付款的真正原因的方式

客户没有付款的原因我们基本上已经了解，但真正原因是不一样的，怎么知道客户未付款的真正原因是什么呢？

（1）分析聊天记录。

可以通过分析客户与售中客服的沟通过程来发现原因，查看售中客服与客户的聊天记录，看看能否找到客户当时未付款的原因。如果能找到原因，就对这个原因做出反应。

（2）主动提问。

当客户拍下商品没有付款并且也没有聊天记录时，售中客服可以采用主动提问的方式来分析客户未付款的原因。售中客服主动提问的第一句话很有讲究。很多售中客服在抓取订单后会直接跟客户说："您好，您在我们店里拍下的商品还没有付款，请您尽快付款。"或者说："您好，您在我们店铺里购买的商品还没有付款，是什么原因呢？"其实这样说效果很不好，客户可能会不予理会。那么，面对未付款的客户，售中客服在主动提问时应该怎么说才会对客户有吸引力呢？

技巧一：制造紧迫感

售中客服可以利用发货时间来促使客户付款，如"您好，亲，您在我家拍下的商品，在下午 5 点前付款，当天就可以发货。我看您的收货地址就在本省，如果现在发货，明天您就可以收到并使用了"。这样会给客户一种紧迫感，促使客户付款。

售中客服也可以利用库存告急来促使客户付款，如"恭喜亲抢到了我家的宝贝，但是您选的这款现在库存不多了，亲如果今天不付款，宝贝很可能就会被别人抢走了"。在很多情况下，客户会因担心自己挑选好的宝贝最终买不了而选择立刻付款。

另外，售中客服还可以利用活动截止时间来提醒客户尽快付款，如"亲，您拍下的宝贝正是我们年终感恩回馈活动的商品，活动将在明天结束，届时商品都将恢复原价"。

技巧二：享受特权

很多时候，客户是第一次来店里购物的，售中客服可以利用首次购物优惠或者送赠品的方式来催付。例如，"亲，您第一次在我们店铺里购物，我们给每位新朋友都准备了一份精美的礼品"。在这里不用提付款一事，客户看到了自然就会想起这笔订单还未付款。

售中客服也可以使用第几位客户享受优惠这种方式，如"亲，您是我们店本月第 300 位客户，我们逢百就会返利，机会不容错过哦"。在这种情况下，客户就会觉得自己运气好，不想错过这次机会，从而支付订单。

另外，如果是两次以上来店里购物的客户，售中客服则可以准备老客户专享赠品。例如，"您好，亲，感谢您再次光顾我们的小店，掌柜给您准备了一份礼品，这是我们的一点心意"。这不但起到了催付的作用，而且加深了客户对店铺的印象。

技巧三：信息核对

很多客户在网上购物时会有多个收货地址，在不同的购买时间或者购买不同的商品时会切换到不同的收货地址，这样一来就会出现客户在拍下商品后没有选择正确的收货地址的情况。有时候客户会自己发现留下的收货地址错了，要求售中客服帮忙修改；但有时候客户没有发觉留下的收货地址是错误的，这样就会导致在货物寄出去后，客户不能顺利签收，从而严重影响了客户的购物体验，还会引发更多的售后问题。所以，在发货前，售中客服需要与客户进行订单核对，也可以在客户拍下商品未付款前进行这项操作。这项操作除审核订单外，还有提醒客户付款的作用。

**4．使用工具进行催付**

当售中客服与客户进行沟通以了解未付款原因时，或者在知道未付款原因后对客户进行催付时，都需要选择相应的催付工具，以此达到事半功倍的效果。以淘宝客服为例，一般常用千牛、短信、电话等催付工具。

（1）千牛。

千牛是在线客服人员最常用的工具。商家使用千牛与客户沟通是完全免费的。使用千牛沟通不但成本低，而且操作也很方便。此外，客户还可以在千牛买家端实现即时付款。

千牛的不足之处在于，当客户不在线时，售中客服通过千牛所发送的信息不能保证被客户及时查看。因此，当客户不在线时，售中客服可以选择给客户留言，也可以使用短信或电话。

**小提示**

在进行催付时，除了售中客服可以针对不同客户编辑话术，千牛软件还自带了一些方便售中客服使用的催付话术。

使用自带催付话术的方法为：在千牛中打开与客户沟通的聊天窗口，然后单击窗格中的"订单"按钮，在展开的列表中单击"未完成"按钮，此时显示了"改价"、"备注"、"买家留言"、"地址"和"催付"5个按钮。单击"催付"按钮，在展开的列表中便显示了系统自带的催付话术，选择其中任意一种发送给未付款的客户即可，如图4-7所示。

图 4-7

（2）短信。

现在几乎每个人都有手机，因此短信的即时阅读率比较高。短信沟通和通过千牛沟通不同，在通常情况下，短信是售中客服发送给客户的，而且客户很少会回复。因此，售中客服在编辑短信内容时一定要全面，让客户一看就懂。另外，短信字数要有限制，要让少量文字包含大量的信息。有效的催付短信内容应包含以下 4 个要素。

① 网店名称。首先应该让客户知道是谁在找他，客户不一定只在一家网店买东西，如果连网店名称都没有，很难保证客户在看到消息后知道是哪一家网店在提醒他，还有可能会替他人"做嫁衣"。此外，发送网店名称还可以起到宣传网店的作用。

② 商品信息。有时即使说了网店名称，也不一定能让客户想起自己在网上所购的商品，此时就需要在短信内容中加入客户所购商品的名称、价格等信息。

③ 购买时间。让客户知道自己是在什么时候购买的商品，进一步加深客户对购买商品的记忆。

④ 话术技巧。最后一项最重要，那就是一些话术技巧，如制造紧迫感、享受特权、信息核对等。

**知识拓展**

### 常用的短信催付话术参考

● 您好，我们已经在安排发货了，看到您的订单还没有付款，这里提醒您现在付款我们会马上发出，您可以很快收到包裹哦！

● 亲，非常抱歉打扰您，方便的时候尽快为您上午在本店精心挑选的华为C199手机壳付款哦！活动期间赠品有限，欲购从速，付款后会第一时间给您发货！

● 亲，看到您在活动中抢到了我们的商品，真的很幸运哟！您这边还没有支付，是不是遇到什么问题了？再过一会儿交易就要自动关闭了，在别的客户完成支付后，您就失去这次机会了。

● 亲，看到您这边还没有支付，我们这件商品是可以7天无理由退换的哟！本店还帮您购买了运费险，收到货以后包您满意，如果不满意也没有后顾之忧。

（3）电话。

除了千牛和短信，电话也是不可缺少的催付工具。对于订单总额较大的客户，推荐使用电话催付。因为电话的沟通效果比较好，并且客户的体验度也较高。但缺点是，电话的时间成本比较高，因此电话催付一般在大额订单和老客户订单中使用。

电话催付内容同样需要有短信内容中的4个要素。除此之外，电话催付还应注意以下几点。

①自我介绍。即自报家门，让客户知道你是谁，以及为什么打这个电话，让客户接受你，愿意接听这个电话。

②正确使用沟通礼仪。在电话交谈中，以客户为中心，尊重客户，不能一味地催促客户付款，并且要保证打电话不会影响客户的日常生活。

③口齿清晰，控制语速。让客户能够听清你说的内容，如果客户听不清，就会影响通话质量。

**知识拓展**

**某旗舰店售中客服电话催付话术参考**

售中客服："您好!请问是李女士吗?"

客户："嗯,你是?"

售中客服:"您好,我是××旗舰店的售中客服小曼。我看到您昨天在我们网店拍下的订单还没有支付,我们的洗发水套装现在是有优惠活动的,不要错过这个优惠哦!如果您在支付中遇到了操作问题,可以向我咨询。"

客户:"哦,我知道了,这几天比较忙,忘记支付了,我等一下会支付,你们送的小礼品还有吗?"

售中客服:"赠送的小礼品我这边已经在订单里面特别备注了,亲,请您放心。不过礼品有限,您付款越早,拿到礼品的机会就越大哟!"

客户:"好,我等下就去付款。"

售中客服:"好的,感谢您对本店的支持!祝您购物愉快,再见!"

### 5. 催付禁忌

在催付过程中,有两点需要售中客服特别注意。

（1）催付时间。

合理的催付时间为早上从 9:30 开始,下午从 14:30 开始。也就是说,不要在客户休息或赶时间的时候催付,如遇节假日还需延后。例如,售中客服在早上查看订单时发现有客户在凌晨 1:00 拍下了一件商品,如果在早上 8:00 给客户打电话催付,那时客户很可能还在睡觉,打扰客户的睡眠对接下来的催付是很不利的。一般订单催付可参照表 4-2 所示的时间来执行。

表 4-2

| 下　单　时　间 | 催　付　时　间 |
| --- | --- |
| 上午 11:00 前 | 当日 15:00 前 |
| 下午 3:00 前 | 当日发货前 |

| 下 单 时 间 | 催 付 时 间 |
|---|---|
| 晚上 22:00 前 | 第二天中午前（下午上班前） |
| 00:00 以后 | 第二天 12:00 以后 |

需要注意的是，购买两次以上的客户通常对网店有信任感，并且非常了解商品的功能，所以售中客服不必太着急去催付，可在其拍下商品 48 小时后进行催付。如果是日常交易，最好是在交易关闭前 24 小时内进行催付，在进行催付之前可以先询问一下客户对商品的使用感受，再次提高客户的黏度。

（2）催付频率。

要把握好分寸，不要使用同一种方法重复催付，并且催付频率不应太高。如果客户实在不想购买，千万不要强逼，选择退让可以给客户留下一个好的印象。

# 任务二　处理订单

## 一、确认订单信息

经过用心接待，在客户拍下订单以后，售中客服应该与客户核对订单信息。

### 1. 确认订单

有些售中客服会忽略确认订单这个动作，认为客户已经下了订单，销售目的已经达成，没必要再多提供服务。其实，确认订单可以避免很多售后问题产生。为了体现自己在销售过程中全面、周到的服务，避免出现不必要的售后问题，售中客服需要对每笔付款订单进行再次确认。如图 4-8 所示为核对订单信息。

图 4-8

**客服典例**

　　小静刚刚搞定了一名难缠的客户。这位客户想送朋友礼物，但又有诸多条件，实在难以应付。看着该客户下单、付款，小静舒了好大一口气。随后，她便向同事吹嘘自己怎么应对、处理了客户的各种刁难，好不得意！然而没想到，一周后这位客户又找到了小静，质问她："怎么还没收到商品页面就已经显示签收了？"小静这才再次找到订单和客户核对信息，发现原来客户这次填写的地址是其朋友的，而客户不小心写错了一位电话号码，导致快递人员将商品给了别人。即便是这样，该客户还是一个劲地责问小静为什么工作不能做到位，与他及时核对订单信息。虽然这的确是由于该客户不小心填错了信息导致的，但小静一时疏忽，没有及时发现这个问题，双方都有责任。最后经过协商，双方各负一半的责任，小静也因此被记过。

　　从案例中我们可以看出确认订单这个环节有很重要的作用。确认订单有两个重要的作用。

　　（1）核对收货地址，减少因地址错误而产生的拒收情况。

　　有的客户有很多收货地址，很可能由于时间仓促选择了错误的收货地址。如果系统默认地址是单位地址，而售中客服没有跟客户核对，那么很有可能会因地址错误而导致无人签收。如果售中客服能够跟客户核对一下收货地址，就会大大降低出错概率。

　　（2）核对商品信息，减少退换货等售后问题的出现。

　　在很多商家举办促销活动的时候，价格优惠的商品库存不多，客户拍得比较急，经常会选错尺码、颜色、商品数量，这时候核对订单信息就非常有必要。应该核对的订单信息有商品名称、规格尺寸、颜色、购买数量，以及客户的收货地址、收货人姓名、联系电话等。如果客户有特殊的要求，如要求发某快递、赠送某赠品、写贺卡等，那么售中客服除了要核对购买人信息，还要核对客户的特殊要求。

　　针对这一情况，售中客服一定要对客户所购买的商品的信息进行二次确认，同时对附带的赠品、承诺的事项等进行确认。这样既可避免因客户疏忽而造成退换货情况的发生，又可以提醒售中客服所承诺的内容是否有备注，以免造成"违背承诺"的投诉发生。

**某旗舰店售中客服确认订单话术参考**

● 请问，是按照下面提供的地址为您发货吗？

● 您购买的白色裙子已经付款，我会及时安排发货，请在 2~3 天内保证手机处于接通状态，方便快递人员将产品及时、准确地送到您的手中，谢谢合作！

● 非常感谢您对我们店铺的惠顾，您的热情诚恳让我感动，我们下午就安排发货，请您注意查收。不要忘记对我的服务进行评价，您的鼓励是我前进的动力！

● 您好，我已经看到订单全部付款了，如果不添加宝贝，半小时后就开始打包了，将在今天下午统一发货，请放心。

## 2. 正面评价引导

在网络交易中，存在交易双方互相评价这一环节。客户给予店铺评价，可以反映出客户对店铺服务、商品品质、物流运输等方面的满意程度；店铺给予客户评价，可以体现出店铺对客户的重视程度。既然是评价而非表扬，那么就意味着双方不仅会对满意的方面进行评价，而且会在评价中表达出对商品、服务、物流及其他问题的不满，这些信息会在店铺中进行公开展示，对客户在进店后进行商品选择将起到一定引导作用。

售中客服应对客户的评价内容做出引导，尽量保证在店铺的评价记录中多呈现满意的方面。所以，售中客服千万不能省略确认订单后进行评价引导的环节，提醒客户对商品、服务、物流等给予优质的评价。如果出现客户不满意的情况，则应与客户联系，力争做到让客户满意，保证店铺评价内容的正面性。

如果商家希望获得更多的好评，那么无论是在服务上还是在商品上，都必须超出客户的预期。比较可控的方法有送小礼品、VIP 福利等。在宝贝描述页面展示老客户的好评，不仅能促进成交，还可以在潜意识里引导客户的从众心理，让其也给予类似的好评。

在客户等待收货期间，售中客服应以短信的形式提示其发货和物流信息；可以在包裹中放置手写的小贺卡，显示对客户的关怀；有条件的可以进行电话回访，顺便提醒客户在收货之后给予好评；还可以推出"好评有礼"之类的活动，除了在相关页面上进行提示，在客户付款之后，还可以通过千牛、短信、电话、电子贺卡等提醒客户参与此次活动。

### 3．备注交接

在备注交接这一环节，售中客服需要牢记"及时"两字。当客户需要备注时，一定要及时按照客户提出的特殊要求备注信息，然后再去接待其他客户，避免遗漏。此外，对于需要给售后、仓储留言的订单，售中客服也应备注好并立即交接给相关部门。

### 4．礼貌告别

售中客服做事要有始有终，在完成评价引导后，要有礼貌地与客户告别。与客户真诚地告别，在感谢客户光临的同时，还要给客户送上简单的祝福，让客户有一次愉快的购物体验。至此，完整的销售流程就顺利结束了。

（1）与成交客户告别。

在售中客服跟客户核对完订单信息并引导客户做出评价后，也就意味着沟通进入了尾声，这时候售中客服就可以跟客户告别了。告别的方式一般是感谢客户的光临，并且添加对方为好友，同时提醒客户收藏、关注店铺。这样不仅能为店铺积累粉丝，也方便客户在下次购买时能快速找到店铺。

（2）与未成交客户告别。

针对未成交的客户，售中客服要快速回顾一下与他们的聊天记录，看看是哪个环节没有做好而导致客户不满意。是因为价格、款式、效果？还是因为自己没有引导好？抑或是因为物流因素？售中客服要及时分析、总结原因，积累沟通经验。

---

### 知识拓展

#### 礼貌告别话术参考

- 您好，宝贝已经发出去了，请放心吧！由于这几天下雪，物流速度可能会比较慢，请耐心等待一下，有什么事欢迎随时与我联系！
- 感谢您的信任！我们会尽心尽责地为您服务，愿我们合作愉快！
- 亲，感谢您购买我们的商品！合作愉快，欢迎下次光临！

---

## 二、修改订单信息

在订单生成后，售中客服有时要对订单进行修改，如修改商品的价格、运费、备注等，然后客户再付款。修改订单是订单处理中很重要的一部分。下面我们以淘宝网站为例学习订单相关信息的修改方法。

### 1．修改价格

方法一：在淘宝后台卖家中心修改价格

第 1 步，在交易状态为"等待买家付款"时，客服人员可以登录到"卖家中心"—"已卖出的宝贝"—"等待买家付款"中，找到对应的订单，单击"修改价格"，如图 4-9 所示。

| 近三个月订单 | 等待买家付款 | 等待发货 | 已发货 | 退款中 | 需要评价 | 成功的订单 | 关闭的订单 | 三个月前订单 |
|---|---|---|---|---|---|---|---|---|

全选　批量发货　批量标记　批量免运费　　　　　　　　　　　　　　　　上一页　下一页

| 宝贝 | 单价 | 数量 | 售后 | 买家 | 交易状态 | 实收款 | 评价 |
|---|---|---|---|---|---|---|---|

☐订单号：██████　创建时间：2021-11-09 14:28:02　　　　　　　　　　　　　　　　　▶|

佳佳恋电磁炉炒锅不粘锅电炒锅家用铁锅铸铁炒锅　¥75.00　　1　　　　　年**▽　　等待买家付款　¥75.00
电磁炉燃气灶通用　　　　　　　　　　　　　　　　　　　　　　　　　　详情　　(含快递:¥0.00)
颜色分类：30　　　　　　　　　　　　　　　　　　　　　　　　　　　关闭交易　修改价格
7　　　　　　　　　　　　　　　　　　　　　　　　　　　　　　　　　　　　　　手机订单
商家编码：21001

全选　批量发货　批量标记　批量免运费　　　　　　　　　　　　　　　　　　　　　　1

图 4-9

第 2 步，售中客服可以直接在"涨价或折扣"栏中填写相关的折扣或优惠的金额（负数代表优惠折扣），同时也可以在"邮费"栏中直接添加需要修改的邮费金额，填写完成后单击"确定"即可。如果卖家包邮，也可以直接单击"免运费"，即邮费金额为 0 元。售中客服修改价格的操作无次数限制，如图 4-10 所示。

订单原价(不含运费)：75.00 元　　　　　　　　　　负数代表优惠折扣 ×　　　　　×

| 取消交易⑦ | 宝贝 | 单价(元) | 数量 | 原价 | 涨价或折扣⊕ | 邮费(元) |
|---|---|---|---|---|---|---|
| ☐ | 佳佳恋电磁炉炒锅不粘锅电炒锅家用铁锅铸铁炒锅电磁炉燃气灶通用　颜色分类：30 | 75.00 | 1 | 75.00 | 8.00 折 = -15.00 | 快递 0.00 直接输入邮费金额 |

收货地址：山东省 淄博市 临淄区 稷下街道**********

买家实付：75.00 + 0.00 - 15.00 = 60.00 元　　　　　　🖉免运费　**确定**　关闭

买家实付 = 原价 + 运费 + 涨价或折扣
邮费为0时货到付款服务费将由卖家承担
店铺优惠**元已均摊到每个宝贝,并计算在单个宝贝的折扣中

图 4-10

方法二：在千牛后台服务中心修改价格

第 1 步，售中客服在千牛中打开与客户沟通的聊天窗口，然后单击窗格中的"订单"

按钮，在展开的列表中单击"未完成"按钮，此时页面中显示了"改价"、"备注"、"买家留言"、"地址"和"催付"5 个按钮，单击"改价"按钮，如图 4-11 所示。

图 4-11

第 2 步，对商品进行一键改价，如图 4-12 所示。

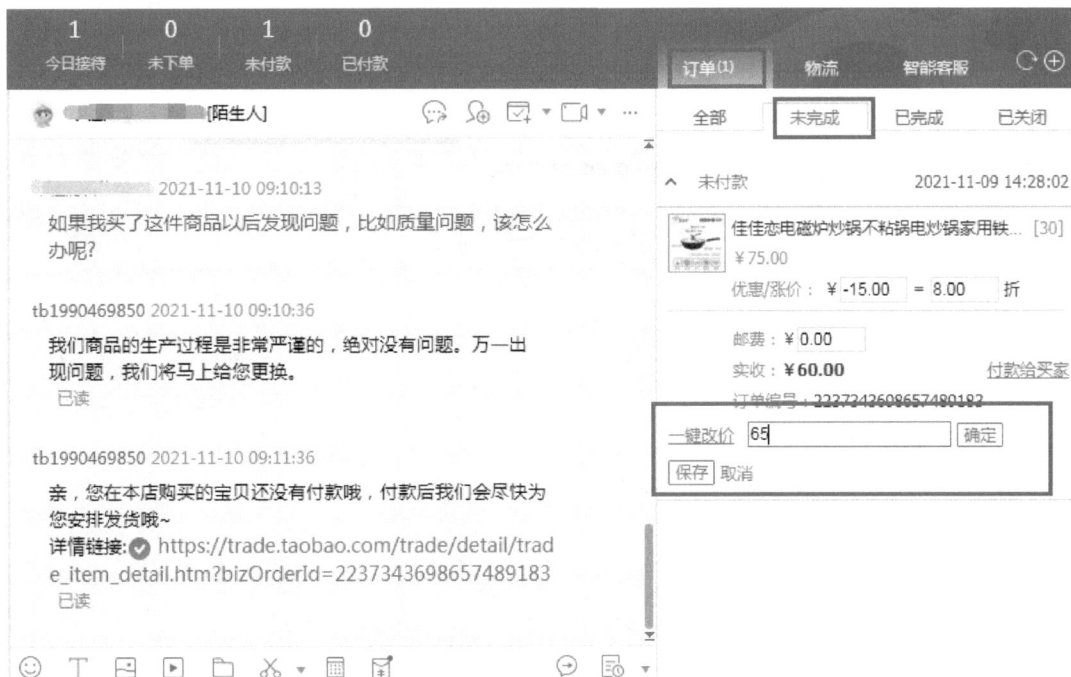

图 4-12

如果客户已付款，则售中客服无法修改交易价格，建议联系客户说明，让客户在收到货以后申请部分退款即可。

### 2. 修改收货地址

在交易状态为"客户已经付款"时，若客户表示收货地址需要更改，售中客服可以在发货前进行修改。

第1步，售中客服登录到"卖家中心"—"已卖出的宝贝"—"等待发货"中，找到需要修改的订单，单击"详情"按钮，如图4-13所示。

图 4-13

第2步，单击"修改收货地址"按钮，如图4-14所示。

图 4-14

第 3 步，按页面要求填写收件人的相关信息，如图 4-15 所示。

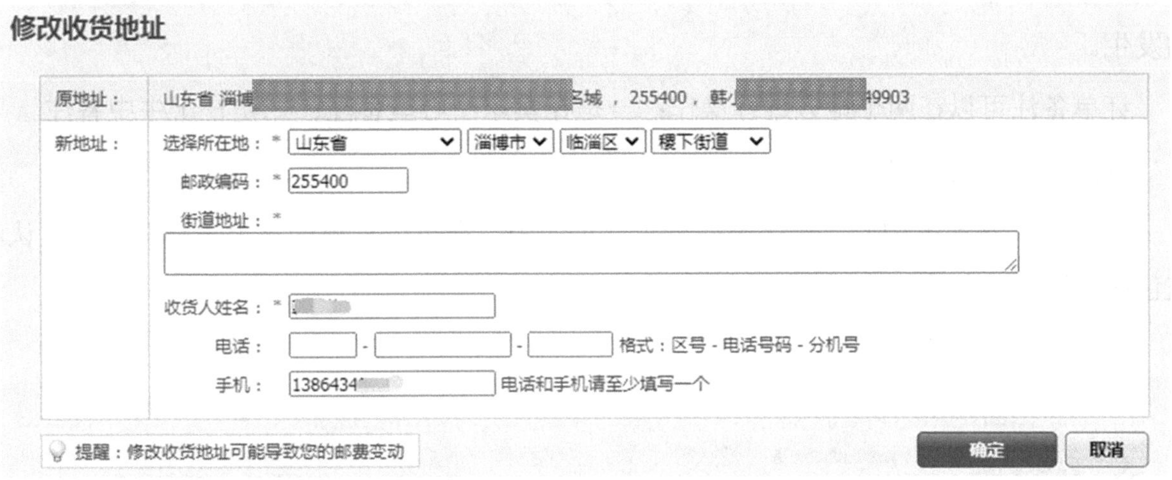

图 4-15

第 4 步，在收货地址修改成功后，售中客服可以在"收货和物流信息"中确认新的收货地址，如图 4-16 所示。

图 4-16

## 3．修改备注

售中客服在与客户沟通中，有时候需要对客户的情况做一些记录。订单备注在任何订单状态下都可以修改，如发货前客户指定发顺丰快递，售中客服就可以在这笔订单上备注"发顺丰"。仓储人员在打单发货时，看到了修改的备注就不会发错快递，从而避免纠纷的发生。

订单备注可以在两个地方进行操作：一是在卖家中心里备注；二是在千牛中备注。

方法一：在卖家中心里备注

第1步，在卖家中心"已卖出的宝贝"页面中，在每笔订单的右上角都有一个默认的灰色旗子图标，如图4-17所示。

图4-17

第2步，单击灰色旗子，在打开的页面中填写备注信息，以及选择不同颜色的旗子标记，如图4-18所示。

图4-18

第3步，在修改备注后，旗子变成了售中客服所选的颜色。仓储人员在打单发货时，就会注意到相关的备注信息，如图4-19所示。

图 4-19

方法二：在千牛中备注

第 1 步，在与订单对应的客户对话框右侧，可以对该订单进行备注。在千牛中打开与客户沟通的聊天窗口，然后单击窗格中的"订单"按钮，在展开的列表中单击"未完成"按钮，此时显示了"改价"、"备注"、"买家留言"、"地址"和"催付"5 个按钮。单击"备注"按钮，如图 4-20 所示。

图 4-20

第 2 步，填写备注信息，并选择相应的旗子颜色，单击保存，如图 4-21 所示。

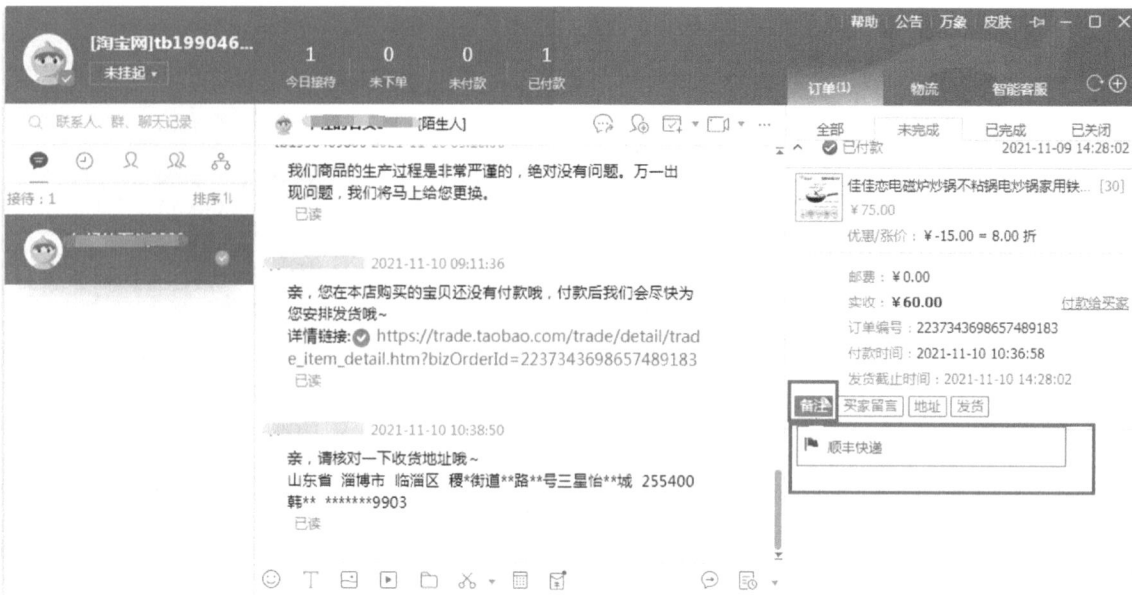

图 4-21

在这一环节，当客户需要备注时，售中客服一定要及时备注客户所提出的信息，然后再去接待其他的客户，避免遗漏。

## 三、确认物流信息

### 1. 查看物流信息

（1）有的客户在付款后，会询问"是否发货、快递到哪儿了"之类的问题。如果仓储人员已经发货，那么售中客服可以先在"已发货"页面中单击"查看物流"按钮，此时页面中将会出现这笔订单的物流信息，再将物流信息告知客户，如图 4-22 所示。

图 4-22

（2）售中客服还可以直接在千牛软件中与客户聊天的窗口内单击"物流跟踪"按钮查看物流信息，如图 4-23 所示。

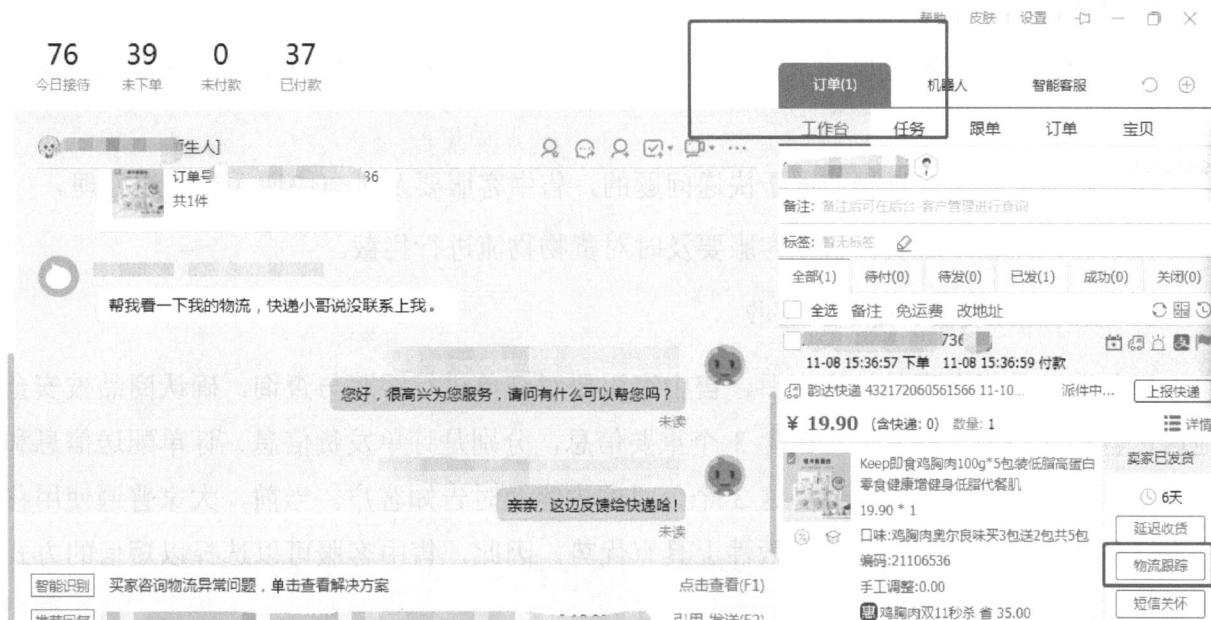

图 4-23

（3）售中客服也可以进入快递公司官网，输入快递单号进行查询，如图 4-24 所示。

图 4-24

## 2．物流相关问题的处理

在商品发货后，物流可能会出现各种问题。售中客服的工作除了帮助客户查看相关物流信息，还包括催件、拦截、核实等工作。下面是可能出现的几种情况。

（1）跟进客户下单后的物流动态，有问题及时与客户沟通解决。例如，物流在发货后到某物流网点 3 天未更新，售中客服要及时联系物流了解情况，并马上告知客户原因，向客户道歉，安抚客户情绪。

（2）客户写错地址，但是商品已发出，需要中途修改送货地址，售中客服要及时联系物流修改送货地址。

（3）异常签收，客户反馈未收到，售中客服要及时联系物流咨询情况，并及时联系客户进行反馈。

（4）物流中转出现错误，属于快递问题的，售中客服要及时与快递人员沟通处理。

（5）客户申请了退货，售中客服要及时对货物物流进行拦截。

### 3. 及时通知发货、配送、签收

订单跟踪是指在商品被寄出后，售中客服要对订单进行跟踪与查询，确认商品被安全地送达客户的手中。物流信息包含 3 个重要信息，分别是订单发货信息、订单配送信息和订单签收信息。售中客服需要将这 3 个信息的内容及时告知客户。当前，大家普遍使用移动电话在接收信息的便捷性与时效性上具有优势。因此，售中客服可以选择以短信的方式告知客户商品的物流信息。

小提示

在商家发货后，如果客户在一定时间内没有单击"确认收货"，那么淘宝系统会自动帮客户确认收货。如果遇到物流不能及时送达等问题，则会出现客户还没有收到货，但是订单已经确认收货的情况。这时候，售中客服在与客户协商后，可以延长确认收货期限，让客户有更多的时间来确认收货。

### 4. 确认收货后提醒客户给予好评

售中客服通过查询商品的物流信息，在确认客户已经签收商品之后，同样要以短信的形式对客户表示感谢，并以送优惠券、VIP 等赠品的形式提醒客户及时给予好评。例如，"亲，您在×××店铺购买的商品已经显示签收，对商品满意的话请给我们 5 分好评吧！将好评截图发给客服人员还可获赠 20 元优惠券哦！如果有任何问题请联系我们解决，感谢您的支持"。

　项目检测

**一、选择题**

1. 主要利用客户购买商品的求利心理，通过销售让利促使客户成交的方法是（　　　）。

A. 优惠成交法

B. 保证成交法

C. 赞美肯定成交法

D. 从众成交法

2. 针对客户的疑虑，通过提供各种保证来增强客户的决心，既有利于客户迅速做出购买决定，也有利于客服人员有针对性地化解客户异议，有效促成交易。此成交方法是（　　　）。

A. 优惠成交法

B. 保证成交法

C. 赞美肯定成交法

D. 从众成交法

3. 当一个人真正想要得到某件商品的时候，会因为害怕无法得到而不由自主地产生一种紧迫感，在这种心理的作用下，他就会积极地采取行动。此成交方法是（　　　）。

A. 优惠成交法

B. 机不可失成交法

C. 赞美肯定成交法

D. 从众成交法

4. 客户未付款的原因一般可以分为主观原因和客观原因两类，下列不属于主观原因的是（　　　）。

A. 议价不成功

B. 有所顾虑

C. 支付宝余额不足

D. 另寻商家

5. "您好，亲，您在我家拍下的商品，在下午 5 点前付款，当天就可以发货。我看您的收货地址就在本省，这样明天您就可以收到并使用了。"此话术的聊天技巧是（　　　）。

A. 制造紧迫感　　　B. 享受特权　　　C. 信息核对　　　D. 确认订单

6. "亲，您是我们店本月第 300 位客户，我们逢百就会返利，机会不容错过。"此话术的聊天技巧是（　　　）。

A. 制造紧迫感　　　B. 享受特权　　　C. 信息核对　　　D. 确认订单

7. 以下属于催付话术的是（　　　）。

A. "您好，我们已经在安排发货了，看到您的订单还没有付款，这里提醒您现在付款我们会马上发出，您可以很快收到包裹哦！"

B. "亲，非常抱歉打扰到您，请在方便的时候尽快为您上午在本店精心挑选的华为 C199 手机壳付款哦。活动期间赠品有限，欲购从速，付款后我们会第一时间给您发货哦！"

C. "亲，看到您这边还没有支付，我们这件商品是可以 7 天无理由退换的哟！本店还帮您购买了运费险，收到以后包您满意，如果不满意也没有后顾之忧。"

D. "亲，喜欢可以直接拍下哦，拍下后联系我们帮您确认下信息，尽快给您安排发货哦！"

8. 客户下单时间为上午 11:00 前，售中客服的催付时间应该是（    ）。

    A. 当日 15:00 前　　　　　　　　B. 当日发货前

    C. 第二天 12:00 以后　　　　　　D. 拍下商品 48 小时后

9. 针对购买两次商品的客户，售中客服的催付时间应该是（    ）。

    A. 当日 15:00 前　　　　　　　　B. 当日发货前

    C. 第二天 12:00 以后　　　　　　D. 拍下商品 48 小时后

10. 售中客服在客户付款后，不可以对哪项进行操作（    ）。

    A. 商品价格　　　B. 收货地址　　　C. 备注　　　D. 查看物流信息

## 二、简答题

1. 客户产生异议的原因及售中客服应该采取的相应措施有哪些？

2. 客户下单的必要条件有哪些？

3. 售中客服说服客户的原则有哪些？

4. 售中客服尽快促成交易的方法有哪些？

5. 促成订单的技巧有哪些？

6. 确认订单的两个重要作用是什么？

7. 简述在催付前挑选订单的步骤。

## 三、实训题

在客户下单后，售中客服有时需要修改商品的价格，你能说出修改价格的步骤吗？

客服新媒

### 对淘宝客服外包的冷思考

在每年旺季来临的时候，很多淘宝店主都在通过各种渠道寻找靠谱的淘宝客服外包公司。如今，从事客服行业的团队越来越多，电商客服行业也迎来了空前的发展机会。针对这种情况，我们不能不顾一切地一头扎入竞争中，应该先冷静思考怎样把客户服务做好，以及怎么营造一个良好的市场环境。良好的客户服务市场环境关乎的不是哪一家服务商的利益，而是整个客户服务市场的利益。

## 怎样把客户服务做好

大家都觉得网店客服市场大，好做，有利润空间，这些出发点是没错的。在做了充分调研的情况下，我们能不能理性地思考一下应该怎样做好客户服务？空有开始的热情，却不能将服务本身做好，最后往往是竹篮打水一场空。

淘宝客户服务商北京萌萌客管理团队认为：客服外包公司的最高管理层至少需要把60%以上的精力用于客服质量的持续改进上面，把剩下的 40%的精力用于市场开拓上面。将淘宝客服业务做好，做扎实，才是客服外包公司最终的出路。要做好客服业务就得严控客服管理，落实客服培训，并使得客服综合能力持续提升。

## 怎样营造良好的客服外包市场环境

怎样营造一个良好的客服外包市场环境呢？这需要行业内的人士达成共识，可以不经过正式的会议商谈，但在意识层面大家必须达成一致，大家需要有相同的市场观点。这个观点就是："拒绝低价低质服务，并持续地为商家提供高质量、高效率的客户服务。"如果业内人士能达成这个共识，那么客服外包市场将会更加规范，市场发展将会更加稳定、快速。

从市场规律来看，客服外包市场最终 80%的市场份额会被 20%的服务商占有，这些最终取得胜利的服务商肯定都是自身服务能力强、客服人员素质过硬的大型服务团队。从这个趋势来看，如果我们还不重视服务质量，继续提供低价低质量的客户服务，迟早是要被淘宝客服外包市场淘汰的。

电商创业从一开始就有低门槛的特点：起初备一台电脑、一根网线就可以开一个属于自己的淘宝网店。然而，当下天猫、京东等平台的商家入驻审查标准越来越严格。这也说明了电商现在正朝着高质量和优质品牌的方向发展，做优质品牌离不开优质的客户服务。相信在不久的将来，低质量的淘宝客服外包服务一定会被淘汰。客服外包公司若想长期立足，从现在开始就要实施服务质量变革了。

# 项目 5

## 做好售后服务

售后服务是指在商品出售以后售后客服向客户提供的一系列服务活动，包括订单处理、退换货处理、客户关系维护。售后客服的服务做得好，能给客户带来完整的购物体验，可以积累网店的品牌效应，达到口碑效应。售后服务以客户满意为宗旨，以客户成长为目标，以完善核心商品、丰富服务内容为主要途径。售后工作是一次交易的最后环节，也是再销售的开始。因此，作为一名优秀的售后客服，应该在售后服务中挖掘商机，提高客户回购率。

一个运营良好的店铺背后一定有一套完善、科学的售后服务体系。一般的售后服务包含如下几个环节：接到售后问题→了解原因→安抚客户情绪→沟通协调→达成共识→后续跟踪，各个环节环环相扣。

### 学习目标

- 素质目标

1. 通过学习，提高售后客服的认知和技能，培养企业认同感；

2. 努力践行吃苦耐劳的劳动精神和精益求精的工匠精神。

- 知识目标

1. 掌握订单跟踪的方法、货物延迟的处理方法；

2. 掌握处理退换货的步骤；

3. 理解产生纠纷的原因，掌握处理纠纷的方式；

4. 掌握处理投诉的原则和技巧；

5. 掌握处理评价的步骤和方式。

- 能力目标

1. 能够进行订单跟踪，处理货物延迟，积极应答客户反馈；

2．能够分析客户退换货的原因并处理退换货；

3．能够针对纠纷和投诉的原因进行适当的处理；

4．学会分析评价产生的原因并处理差评。

**案例导入**

2020 年的"双 11"

2020 年 11 月 12 日消息，第 12 个天猫"双 11"落下帷幕，根据阿里巴巴公布的数据，今年天猫"双 11"成交额达 4 982 亿元，再次创下新高。相较之下，2019 年"双 11"成交额为 2 684 亿元，2018 年"双 11"成交额为 2 135 亿元，2017 年"双 11"成交额为 1 682 亿元。

10 月 26 日，天猫正式发布新一代"天猫双 11 全球狂欢季"，代号为"双节棍"。此次升级最大的变化是：不只在 11 月 11 日这一天爆发，消费者可分两波购买，11 月 1 日～3 日是第一波，11 月 11 日为第二波。这意味着，今年"双 11"比以往多了 3 天，消费者从 11 月 1 日起就可以付预售商品的尾款，提前 10 天收到货。

在"2020 天猫双 11 全球狂欢季"，天猫方面对外宣布，"2020 天猫双 11 全球狂欢季"实时物流订单量破 22.5 亿单，约等于 2010 年全年快递量的总和。

同时，天猫官方公布的数据显示，从 11 月 1 日到 11 日中午 12 点，已有 16 个新品牌在天猫"双 11"累计成交额突破 1 亿元，而且这个数字还在增长。天猫预计，未来 3 年，将有 1 000 个年销售额过 1 亿元、100 个过 10 亿元的新锐"黑马"品牌在天猫上成长起来。

据悉，11 月 1 日至 11 日 0 点 30 分，"2020 天猫双 11 全球狂欢季"实时成交额突破 3 723 亿元，实时成交额超过 1 亿元的品牌已经超过 300 个。在"2020 天猫双 11 全球狂欢季"，天猫方面对外宣布，口罩销量下降了 76.24%，"双 11"养猫游戏的客户总量超 5 亿个。

同时，截至 23 时 18 分 9 秒，物流订单量超过 20 亿单。快递行业也随之经历了一周的快递派送高峰期。在"狂欢"过后，消费者对自己在"双 11"活动期间"剁手"买来的宝贝大多数都是充满期待的。然而，也有少数消费者不但没盼来惊喜，反而迎来了维权和售后。

**案例思考** 在"双 11"过后，消费者对自己"剁手"买来的宝贝大多数都是充满期待的。然而也有少数消费者不但没盼来惊喜，反而迎来了维权和售后。这是为什么呢？

# 任务一 订单跟踪

## 一、查询物流信息

在通常情况下，大多数客户在完成付款后，经常会向售后客服咨询"什么时候发货""我购买的商品到哪了""几天能收到货"等问题。售后客服可以通过以下 3 种方式进行物流信息查询。

### 1. 引导客户自行通过所购商品平台查询

当客户咨询物流查件问题时，售后客服应先指引客户进入"已买到的宝贝"页面。在一般情况下，在"卖家已发货"的交易状态下，客户可以进入"我的淘宝"—"已买到的宝贝"页面，单击"查看物流"按钮查看物流详情，如图 5-1 所示。

图 5-1

### 2. 通过快递公司平台查询

所谓快递公司，是指由具有邮递功能的门对门的物流活动所衍生出的服务类公司。快递公司通过铁路运输、公路运输和空运等运输方式，对客户的货物进行快速投递。

**知识拓展**

#### 快递公司简介

顺丰速运（集团）有限公司于 1993 年 3 月 26 日在广东顺德成立，是一家主要经营国际、国内快递业务的港资快递企业。顺丰速运网络全部采用自建、自营的方式。

上海申通物流有限公司初创于 1993 年，是一家以经营快递为主的国内合资（民营）企业。2014 年 2 月申通开始内测海淘转运业务。

EMS 于 1980 年开办。除提供国内、国际特快专递服务外，EMS 相继推出省内次晨达和次日递、国际承诺服务和限时递等高端服务，同时提供代收货款、收件人付费、鲜花礼仪速递等增值服务。

"汇通快运"成立于 2003 年，是一家在国内率先运用信息化手段探索快递行业转型升级的大型民营快递公司。2010 年 11 月，杭州百世网络技术有限公司成功收购"汇通快运"，随后更名为"百世汇通"，成为百世网络旗下的知名快递品牌。2016 年，"百世汇通"更名，正式以新名称"百世快递"面世。

**练一练**

通过快递公司平台查询，并做好记录，信息记录表如表 5-1 所示。

（1）官网查询：登录快递公司的官方网站，输入快递单号进行查询；

（2）电话查询：拨打快递公司客服电话用快递单号进行查询。

表 5-1

| | |
|---|---|
| 快递公司名称及网址 | |
| 快递单号 | |
| 收件时间 | |
| 签收时间 | |
| 当前物流情况 | |

### 3. 通过商家所在平台帮助客户查询物流信息

通过综合查询网站，输入相应的信息进行查询，查询后显示以下结果。

（1）货物已到达目的地，但是由于信息不足无法派送（地址、电话不详细或错误）。

（2）商品已经购买成功，客户在淘宝平台看到商品已经到达目的地，可实际上商品迟迟未被送到，此时售后客服要及时联系物流公司查询具体情况并记录反馈。

如表 5-2 所示是物流信息查询表，售后客服要做好记录并及时通知客户。

表 5-2

| 包裹状态 | 待揽件/运输/派送/签收 |
| --- | --- |
| 揽件时间 | |
| 出库时间 | |
| 签收时间 | |
| 当前物流情况 | |

除上述方法外，售后客服还可以通过以下方式查询快递情况。

- 通过百度搜索查询；
- 通过手机软件进行查询，如菜鸟裹裹手机 App；
- 通过微信查询，可以添加公众号"快递 100"，输入快递单号进行查询。

**练一练**

表 5-3 中的内容是客户关于物流查询的问题，售后客服应如何应答？

表 5-3

| 售后客服应答 |
| --- |
| 柳柳："老板，我怎么在淘宝后台没有查看到我的物流信息啊，还可以怎么查啊？" |
| 售后客服： |
| 柳柳："老板，除了电脑，还可以怎么查啊？我用手机方便一点。" |
| 售后客服： |

## 二、处理货物延迟

所谓货物延迟，是指由于各种原因导致客户没有在预想时间之内收到货物。货物延迟是常见的客户反馈的问题之一。

### 1. 导致货物延迟的原因

导致货物延迟的原因有很多，主要包括四大方面：网店内部的原因、快递公司的原因、不可抗力原因和客户自身的原因，如表 5-4 所示。

表 5-4

| 网店内部的原因 | 快递公司的原因 | 不可抗力原因 | 客户自身的原因 |
| --- | --- | --- | --- |
| 同一批次的商品已售完，需要补货 | 快递员失误 | 天气（暴雨、大雾） | 中途要求退件，重新再寄 |
| 客服人员失误 | 运输工具故障 | 地震、洪水、海啸等自然灾害 | 中途要求更改收件人的地址 |
| 发货人员失误 | "双 11"等购物节期间快递量过多 | 罢工、游行示威、暴动等社会问题 | 无法联系收件人 |

在商家发货后，快递在运送途中，未抵达客户手中时，经常会出现延迟。面对这种情况，售后客服首先要摆正心态，耐心倾听，快速反应，打消客户的疑虑，并帮助客户解决货物延迟的问题。一般客户没有收到货物，有以下几种情况。

（1）快递丢失或破损。

快递公司或者第三方不可控因素导致快递在运送过程中丢失和破损也是经常出现的情况。客户在遇到上述情况时，容易出现急躁、不满的情绪，这时售后客服需要先安抚客户的情绪，倾听客户阐述，然后及时与快递公司确认情况。如果情况属实，售后客服就需要及时回复客户，并做好后续的补救工作。处理流程如下：

① 核实，与快递公司核实确认；

② 通知客户，第一时间将快递情况通知客户；

③ 致歉，就快递丢失或破损带给客户的麻烦向客户表示歉意；

④ 补发，马上安排补发，不影响公司业务；

⑤ 跟进及记录，跟进物流直至客户顺利收到商品，并及时录入丢失件信息。

（2）疑难件无法派送。

在快递派送过程中，联系不到客户、地址错误等原因会导致快递人员没有办法派送快递至客户手中。客户长时间收不到快递或者查看物流状态显示为疑难件，便会咨询售后客服。当碰到类似情况时，售后客服要注意及时收集客户的更新信息，如确认手机号码、核准收件地址，以及明确可收快递时间等，并及时反馈给快递公司，督促其及时送件。

（3）超区件无法送达。

有些客户所在地相对偏远，没有设置物流配送服务网点，未开通快递送货上门服务。在这种情况下如果出现售后问题，售后客服就需要确定以下细节。

①是否可以加钱送货或选择其他快递公司。如果可以，为了提高客户的满意度，就可以选择这种方法解决问题。

②客户是否可以自提。在路途不远的情况下，售后客服可以和客户协商解决。特别要注意的是，在做售前服务工作时，售前客服必要核对快递是否可以到达所寄地址。

（4）自然灾害等不可抗力因素。

洪水、暴雪等自然灾害造成的特殊情况属于不可抗力情况。当出现这种由非人为因素造成的不能及时派送快递的情况时，售后客服一方面要密切关注事态的发展，另一方面应当及时和客户取得联系、说明原因，并把最新动态共享给客户。如果商家确实无法解决，售后客服应该努力寻求客户谅解，并跟进最终的解决方案。

（5）节假日及特殊活动导致派件时间延长。

在"电商节日"期间，如在"双11""618"等规模较大的促销活动期间，在短时间内会产生大量的商品交易，经常有快递爆仓现象出现，客户有可能咨询比预期晚到达的快递问题。售后客服应该如实回答快递未按约定时间到达的原因。当然，售前客服更应该在节假日及特殊活动期间做好提醒工作，缓解售后客服的压力。

### 客服典例

客户："我看已经发货好几天了，怎么一直没有物流信息？你们是不是没有发货？"

售后客服："不好意思，我在后台帮你查查，请稍等。"

客户："哎……快点啊！（显得有点不耐烦）"

售后客服："您好，后台显示已发货，但没有物流信息和收件信息，我尽快帮您跟进，然后再答复您！"

客户："不用了，这种情况说明你们根本就是虚假发货，我要举报你们。"

……

面对这种情况，售后客服应冷静分析原因。

后台显示发货，却没有物流信息和收件信息，可能存在以下三种情况。

第一种情况：仓储人员在打印快递单以后，漏掉了底单，并没有安排打包；

第二种情况：打好包裹后遗漏在自家仓库，并没有交给快递人员；

第三种情况：快递人员在收件后忘记扫描快递单，将货物遗漏在快递仓库。

在分析出原因后，售后客服可以选择这样处理：

首先，放低姿态，真诚道歉，请求客户的谅解；

其次，和仓库核实该订单是否真实发货，漏发货的订单直接安排发货即可；

最后，对于仓库真实发货的订单，可联系快递公司查询情况。

售后客服可以直接与客户电话沟通，在必要的情况下可适当地给客户一些补偿，以灵活的方式弥补客户的精神损失，相信大多数客户还是可以理解的。

### 2．判断货物延迟的原因

（1）与客户交流，了解货物延迟的情况；

（2）与网店内部人员交流，确认是否存在漏单、发货延迟、有预售商品等问题；

（3）与快递公司交流，确认是否存在快递人员漏单、运输工具故障、商品过多快递人员送不过来等问题；

（4）查看天气情况，明确是否有不可抗力因素导致货物延迟。

### 3．货物延迟情况应答小技巧

（1）勇于道歉；

（2）响应要及时；

（3）信息要记录；

（4）有合理的解决方案。

**客服典例**

　　客户小李最近有点腰疼，于 2021 年 11 月 11 日在网上购买了护腰，可是过了五天还没到货。11 月 16 日下午 3 点，小李就货物延迟问题询问售后客服小婉，对话如下。

　　小李："在吗?"

　　小婉："亲，在的，请问有什么可以为您服务的?"

　　小李："我在'双 11'那天买了护腰，怎么到现在还没有到货啊?"

　　小婉："亲，稍等，我查一下……"

　　小婉："是订单号码为 228830*********的订单吗?"

　　小李："是的。"

　　小婉："好的，亲，马上为您查看，请稍等片刻。"

　　小婉查询了订单信息，并和快递公司进行了交流，明确了货物延迟的原因是"双11"期间订单量非常大，导致快递系统瘫痪，货物还没来得及派送。

　　小婉立即告知了小李相关情况。

**知识拓展**

提问："若货物延迟，售后客服应该如何做呢?"

回答："延长收货时间。"

提问："延长收货时间可以分为哪两种?"

回答："买家延长收货时间与卖家延长收货时间。"

提问："两种延长收货时间的规则相同吗?"

买家延长收货时间的规则:

(1)普通实物担保交易在卖家已发货状态，离确认收货超时结束还剩 3 天时(包括快递、平邮、EMS、无须快递)，买家可以延长收货时间;

(2)普通实物担保交易延长收货时间只能申请 1 次，超时天数可申请 3 天;

(3)虚拟交易(自动发货、直充除外)在卖家已发货状态，离确认收货超时结束还剩 1 天时，买家可以延长收货时间;

(4)虚拟交易延长收货时间只能申请 1 次，超时天数可申请 1 天;

(5)如果买家申请退款，延长收货时间的入口将被隐藏，不能进行交易时间的延长;

(6)买家提交延长收货时间的申请，通过千牛、站内信、邮件的方式通知卖家。(卖家收到的提醒内容：您好，您的买家***已将订单051684*********的确认收货时间延长 3 天，点此查看订单详情。)

延长收货时间的入口在订单详情里。

卖家延长收货时间的规则:

卖家如果需要延长买家的收货时间，可进入"已卖出的宝贝"页面，找到需要延长的交易，在单击"延长收货时间"后选择延长的期限即可。

提醒：卖家可以给买家延长收货时间，可延长 3 天、5 天、7 天、10 天。

## 三、应答客户反馈

部分客户在购买商品后，如果在使用过程中对商品有意见，就会进行相应的反馈。售后客服要对客户反馈的信息进行处理，并利用处理客户反馈信息的时机对网店的商品及服务进行提升。

客户到货反馈一般分为两种情况：一种为售后客服主动进行客户回访，通过回访了解客户在到货时遇到的问题、商品的使用情况，并做好记录，这主要是为更好地提升商品质量、提供更好的服务做准备；第二种情况是客户主动进行到货反馈，一般是商品出现问题，如商品缺少、损坏等。无论哪一种情况，售后客服都必须认真与客户交流，找到原因，妥善处理。

### 1. 客户反馈问题

客户反馈问题主要包括网店内部的问题、快递公司的问题和客户自身的问题。如表 5-5 所示为客户反馈问题举例。

表 5-5

| 网店内部的问题 | 快递公司的问题 | 客户自身的问题 |
| --- | --- | --- |
| 漏发商品 | 快递人员态度不佳 | 不会使用商品 |
| 错发商品 | 快递包裹破损 | 商品使用不当 |
| 商品质量问题 | 快递人员错发商品 | 主观上不喜欢商品 |
| 多发商品 | 快递人员调换商品 | |

### 2. 应答客户反馈的流程

（1）与客户交流，了解商品到货的情况；

（2）与网店内部人员交流，确认是否存在漏发、错发及商品质量不佳等问题；

（3）与快递公司交流，确认是否存在分拣错误、快递人员漏发商品、快递人员调换商品、商品包装不当、运输不当等问题；

（4）根据不同的商品到货情况，选择不同的解决方案，如安抚客户、补发商品、退换货、给予优惠等。

练一练

一天，客户小张购买的发饰到货了，小张打开包裹数了一下，发现少了一个，她连忙联系了售后客服小婉。

小张："在吗?"

小婉："亲，在的，请问有什么可以为您服务的?"

小张："我买的发饰到货了，可是我买了 10 个发饰，怎么只有 9 个啊?"

小婉："亲，稍等，我查一下，可以告诉我订单号码吗？"

小张："订单号码是********。"

小婉："好的，亲，请稍等一下。"

小婉查询了订单信息，发现原因是销售人员在传递发货单时，由于是几张订单合并，少发了一张订单给发货仓库。小婉马上向客户道歉，在说明原因后，补发了发饰，同时赠送了小礼品。另外，小张还向小婉抱怨了快递人员不签单就不让验货的问题。

根据上述情况，填写表5-6的内容。

表5-6

| 商品名称 | | | |
|---|---|---|---|
| 订单号码 | | | |
| 是否漏发 | | 漏发商品 | |
| 是否错发 | | 错发商品 | |
| 是否需补货 | | 补货时间 | |
| 其他情况 | | | |

### 3. 客户反馈情况的处理

（1）破损件的处理。

破损件是指在物流派送途中破损或破碎而无法正常使用的商品。处理流程如下。

① 核实：包裹是否完好，以及破损程度、破损件数等。

② 取证：需让客户拍下破损商品细节图。

③ 致歉：就因此带给客户的麻烦，向客户表示歉意。

④ 补发：马上安排补发，不可影响网店业务。

⑤ 跟进及记录：跟进物流直至客户顺利收到商品，并及时录入破损件信息。

（2）派错件的处理。

派错件是指商品被送到客户手中，客户却发现商品并不是自己所订购的型号或款式。处理流程如下。

① 核实：调取发货信息，与快递公司核实是否一致。

② 取证：需让客户拍下收到的商品的照片，用于确认。

③ 致歉：就因此带给客户的麻烦，向客户表示歉意。

④ 补发：若是仓库发错件，则马上安排补发；若是快递公司派错件，则联系快递公司重发。

⑤跟进及记录：跟进物流直至客户顺利收件，并及时录入派错件信息。

**知识拓展**

售后客服提示客户验货小技巧

1. 在快递单上签名后，不要立即将快递单交还给快递人员，先开箱验收，在验收完成后再交付快递单。

2. 在开箱验货时，核对商品名称、规格、数量等是否与订单一致。当出现数量不符或者包装破损等情况时，拍照记录，并直接拒收。

3. 在验货时，应查验商品是否包装完好，有无破损、胀气、涨袋等问题，如发现则应当场指出并拒收。在快递单上注明拒收理由。

4. 在验收时要特别注意商品的保质期，对于保质期在一年以内且超过保质期1/3的商品，一律拒收。日期模糊不清、打印日期不符合实际情况的也可以拒收。

# 任务二  处理退换货

客户在收到商品后有可能会因为对商品的质量、款式、颜色等不满意而想退换货，随后就会咨询售后客服关于退换货的处理方式。这时，作为一名售后客服，要明确退换货的原因及流程。

## 一、客户退换货的原因

当发生退换货时，售后客服首先要查明原因，然后根据不同原因区别处理。退换货原因一般有如下 4 种。

### 1. 商品原因

好的商品是一切的基础，商品本身质量过硬确实能减少售后服务的成本。很多售后客服因为商品本身的问题承担了很大的压力而心生抱怨。如果客户因商品质量问题要求退换货，售后客服要立即核实情况，请客户拍照留证，通过照片判断是否属于质量问题。如果商品确实存在质量问题，售后客服要立即退换并对客户致歉，由此产生的邮费由商家承担。

### 2. 物流原因

造成退换货的物流原因主要有逾期不达、商品丢失、商品破损、物流服务差等。因物流运输导致商品破损的，经客户拍照证实后，售后客服应与客户协商退换及邮费承担问题。因快递丢件、服务态度差或者派送不及时导致客户未收到商品而要求退货的，售后客服应尽量与客户协商避免退货。经协商客户仍要求退货的，如商品已发出，应立即跟踪快递退回商品，如商品未发出，应指导客户进行退款操作。因快递原因导致的退货，由快递公司承担邮费。

### 3. 客户原因

由客户原因导致的退换货分为三种情况。一是由客户的主观判断错误导致的退换货，如收到的商品不喜欢、拍错了号码或颜色等。当遇到这种情况时，售后客服能做的就是引导客户讲清事实，建议客户换货或者转让商品，从而降低退款率、退换货率。二是客户对商品的使用方法不了解，在向售后客服进行咨询时，未得到及时回复，会引发退换货。三是客户没有注意到特殊产品使用的注意事项，按照"我以为""我觉得"的做法操作，导致使用后产生一些不良结果，因此要求退换货。对于由客户原因导致的退换货，售后客服需要确认退换商品不影响二次销售方可退换，并让客户承担产生的邮费。

### 客服典例

**特殊性产品使用的注意事项**

客户："在吗？代餐粉吃了2周了，完全是按照你的要求吃的，结果没瘦！！反而胖了6斤！！！我买的是减肥产品啊！"

售后客服："亲，您好，您别着急，我马上看一下……您好，看到您的订单了，您买了我们2桶代餐粉，请问您是每天代两餐，按量服用的吗？"

客户："当然，按你们的要求，代早晚餐，实在饿得不行，偶尔加点水果！！竟然胖了！"

售后客服："亲，在食用代餐粉后1小时内吃其他食物是有增肥作用的，麻烦问一下您是不是在吃了代餐粉1小时后吃的水果呢？"

对于上述因使用方法不当而产生的售后问题，售后客服在处理过程中需要注意，在完成交易时，应主动向客户讲解特殊使用方法和不容易被客户理解的使用方法，以免客户在收到商品后因不懂商品的使用方法而产生售后问题。

### 4．卖方原因

对于因售后客服或仓储人员造成的商品漏发、错发或缺货，售后客服需要及时联系客户，告知详细原因，协商是否需要退换货。经过协商处理仍需退货的，如商品已发出，售后客服应立即跟踪快递退回商品；如商品未发出，售后客服应指导客户进行退款操作。

## 二、处理退换货的方法与技巧

处理退换货是网店售后客服工作的主要内容。对于由商品、服务和客户喜好等原因导致的退换货，售后客服在了解了退换货原因，并且确认了退换货的细节后，应安抚客户并给出客户满意的解决方案。及时、合理地处理退换货不但可以提升客户的体验，避免售后纠纷，而且可以减少售后问题对店铺的影响。

### 1．退换货的处理方法

在电子商务的大环境下，很多商家提供"7 天无理由退换货"这种特别的售后服务，在吸引来更多客户的同时，也在无形中提高了商品退换货率。"7 天无理由退换货"是指商家允许客户按相关规则对其已购的特定商品在 7 天内进行退换货，这 7 天从签收日后的第二天零时起计算。若客户由于主观原因而不愿意完成本次交易，商家有义务向客户提供退换货服务；若商家未履行义务，则客户有权按照本规则对商家进行投诉，并申请"7 天无理由退换货"赔付。

当客户提出退换货申请时，售后客服要进入后台处理。并不是在任何情况下商家都能接受客户的退换货申请的，因为退换货还将涉及运费问题。在商家没有提供"7 天无理由退换货"服务的情况下，售后客服可根据如下情况进行处理。

（1）商品质量问题。

属于卖方责任，应无条件退换，并承担来回运费；或劝客户自留，以适当方式补偿客户。

（2）商品尺寸不符或客户不喜欢。

可提供退换货服务，但一般由客户承担来回运费，或劝客户将商品赠送他人，重下订单。

（3）客户无理取闹。

商品不符合退换条件，客户违规使用导致商品损坏或不符合退换条件，可直接拒绝其退换与赔偿要求。

售后客服根据实际情况同意符合退换货条件的申请，拒绝不符合退换货条件的申请。售后客服在收到客户退回的商品后应进行检查，在检查无误后，对要求退货的订单，通知退款专员退款，对要求换货的订单，重新安排寄出商品。

### 2. 引导客户进行退换货操作

对于符合退换货条件的情况，售后客服需要熟悉客户退换货流程，引导客户进入"我的淘宝"→"已买到的宝贝"页面，进行退/换货相关操作，填写退换货原因及说明，上传凭证。另外，在处理了客户的退换货申请后，售后客服要引导客户填写物流信息并提交，如图 5-2 所示。

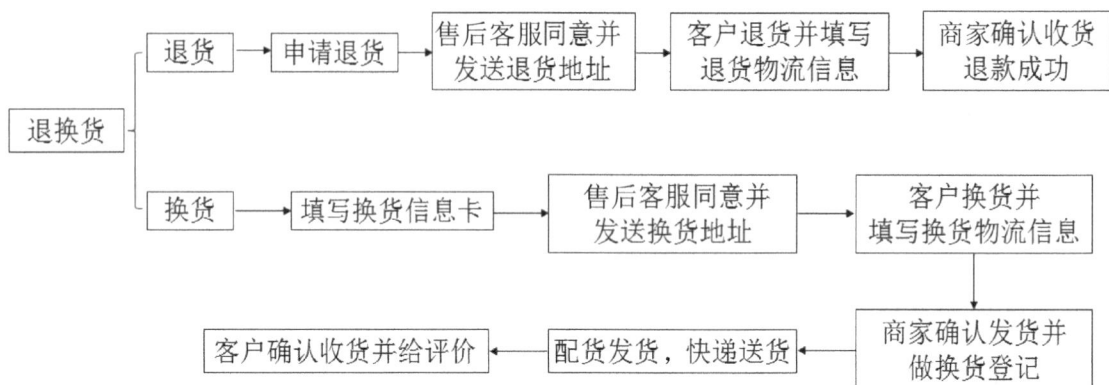

图 5-2

### 3. 退换货沟通技巧

在处理退换货时，不管客户退换货的理由是什么，售后客服都要礼貌待客，注意沟通技巧，尽可能在最短的时间内用最有效的方式来解决问题，让客户知道商家不会逃避责任，增加客户对商家的信任感。即使是商品质量问题导致的退换货，客户也会因为售后客服的贴心服务而对店铺产生良好的印象。常见的退换货沟通技巧有如下几种。

（1）分析退换货原因。

当客户要求退换货的时候，售后客服注意不要马上去追究是谁的责任。作为商家，都不喜欢客户退换货，尽管如此，还是要温和地对待客户，等客户的情绪稳定下来，再询问具体情况。在客户说明原因后，售后客服要详细记录，如果是商品质量问题，要让客户拍照举证，在收到照片后分析问题出在哪里，明确责任方是谁，再与客户进行协商。

**客服典例**

客户："衣服有味道，很难闻！我要退货！"

售后客服："亲！真对不起，首先对你表示歉意，新的布料都会有点气味哦！再加上生产之后在仓库存放，也会有点气味。建议亲把衣服挂在通风的地方晾一晾，就会减少异味哦！亲！如果感觉还是不满意，我们支持 7 天无理由退换货哦！谢谢亲提出的宝贵意见！我们会尽力改善这种情况。"

（2）劝客户留下商品。

客户在收到商品后，经常会由于个人原因而要选择退换货，如颜色问题、尺寸问题。在商家没有提供"7 天无理由退换货"服务的情况下，这些都属于客户的责任，售后客服应明确告知客户退换的条件和运费承担问题，引导客户权衡利弊，劝其留下商品。

**客服典例**

客户："我购买的收纳箱不是海蓝色的吧？"

售后客服 1："亲！真的对不起，首先对您表示歉意，亲！收到的宝贝有色差是因为每个人的电脑显示屏不一样，对比的话会有色差的哦！还有拍摄时受光线影响，拍出来的图片也会有点色差哦，谢谢亲提出宝贵意见，我们会尽力改善这种情况。要退换的话，请亲确保商品不影响二次销售哦！而且运费必须由您负责呢！"

售后客服 2："亲，这款收纳箱如果不影响您使用的话，我可以帮您申请补偿哦！"

如果客户坚持要退换货，售后客服要第一时间将收货地址、收件人、联系电话发给客户，请客户选择快递寄出，并承诺在收到货物后 24 小时内处理。

（3）实时跟进并及时告知处理情况。

客户在进行退换货时，担心的是商家能否尽快进行处理。作为售后客服，在提供服务时，要注意时时让客户放心，不管最后结果如何，在处理过程中都要实时跟进，及时告知客户，让他们了解售后客服的工作和努力。在处理完成后，售后客服要及时回访，不仅能消除客户心中的不满，还能增加客户对店铺的印象，提升彼此之间的友好度。

（4）拒绝技巧。

当销售的是不可退换的商品或者定制类商品，而客户执意要退换时，售后客服应明确告知不可退换。在向客户说明原因的同时，售后客服还应适当引导，或者赠送优惠券，这样做既能够让客户理解，又能挽留客户为下一次交易预留空间。

**客服典例**

> 客户："我不想要这个陶瓷挂饰了，退了吧！"
>
> 售后客服："亲，您好，这款陶瓷挂饰属于定制商品，上面印着您提供的文案呢。个性化定制商品是不支持退换货的，宝贝详情页面有说明，在下单时我也提醒过亲呢，请您理解！"

（5）学会维护自己的权益。

客户在处理退换货时，若没有达到自己的要求，会产生纠纷甚至投诉，所以售后客服要将处理过程和聊天记录保存下来，留作证据以维护自己的权益。

## 三、处理退款

作为售后客服，在处理退款时，常见的有 3 种情况：退货退款、退差价或邮费、未发货退款。售后客服需要指引客户正确完成退款程序。

### 1. 退款处理的基本操作步骤

退款处理的基本操作步骤如图 5-3 所示。

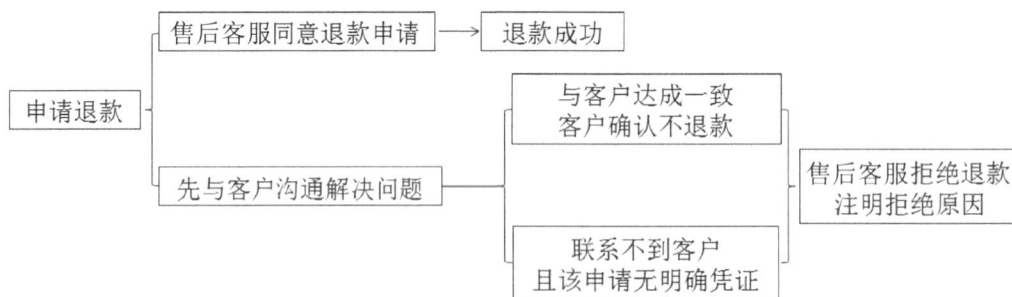

图 5-3

（1）查看退款申请。

以天猫为例，在客户提交退款申请后，售后客服登录后台，单击"卖家中心"—"退款管理"—"我收到的退款申请"，可以通过输入订单号码来查询需要退款的订单。

（2）同意或拒绝退款申请。

售后客服要根据平台规则审核客户的退款申请，如不符合规定，需引导客户进行修改，然后再次审批。如需退货退款，售后客服在审核无误后通知客户提交退货物流信息，在收到退货后进行检查；如果需退差价或邮费，则无须退货，在客户提交退款申请后，售后客服应第一时间进行审核，在审核无误后同意申请；如果属于未发货就退款的情况，售后客服应马上撤单。

（3）退款。

售后客服在检查退回来的商品无误后，通知退款专员退款。退款通常由财务部门负责。

（4）通知客户退款成功。

### 2．处理退款应注意的问题

（1）及时处理。

在客户申请退款后，售后客服要注意平台规定的退款时间，及时进行退款处理，不要超时，否则系统会在规定时间内自动达成退款协议，默认商家退款。售后客服在处理退款后要告知客户："亲，您的退款申请已经通过，小二已经将您的退款申请提交给退款专员，退款专员将在 24 小时内退款，退款成功会告知您。"

（2）耐心指引。

在和客户协商好退款方案后，售后客服要告知客户提交退款申请，如果客户不懂操作，要耐心指导，通过发送网址或者截图等方式协助客户完成退款申请。

## 任务三　处理客户纠纷

网店和实体店的销售基本相似，很难做到让所有的客户都满意，每个商家都或多或少会遇到客户的交易纠纷。当遇到交易纠纷时，售后客服应当认真倾听客户的不满，对自己的不足或失误积极加以改正，主动向客户承认错误并道歉。在处理交易纠纷时，售后客服应坚持有理、有利、有节的原则，以积极的态度进行处理。纠纷处理得当，不但可以增加店铺的销售量，还可以提升客户的满意度，促进售后客服与客户之间的交流。

### 一、纠纷产生的原因分析

在电子商务交易中，客户通过商品图片、描述，以及同客服人员的沟通来获取商品信息，见不到商品实物，因此在沟通过程中可能存在一定的盲点或误差。目前大部分网店的物流配送业务是靠第三方物流公司来组织实施的，这也会给整个交易带来风险。同时，在支付和客户服务等方面，客户因为种种原因产生不满也可能带来交易纠纷。目前网上交易纠纷主要有如下几种。

### 1. 商品质量引起的纠纷

商品质量引起的纠纷是指客户对商品的品质、真伪、使用方法、容量、尺码、体积、价格等相关因素产生怀疑而导致的纠纷，如货不对板、色差太大、大小型号不符、劣质品等。

### 2. 物流引起的纠纷

物流引起的纠纷是指客户对选择的物流方式、物流费用、物流公司及派送人员的服务态度等方面产生怀疑而导致的纠纷。

### 3. 服务态度引起的纠纷

服务态度引起的纠纷是指客户对店铺售前、售中、售后的各项服务产生怀疑而导致的纠纷。对于这类纠纷，如果是客服人员的工作态度和工作方法问题，可以通过复查聊天记录、服务过程找出问题，并进行解决。同时，售后客服应该了解客户的想法，如果客户借故想退换货，则可以按照"7天无理由退换货"的规定执行。

## 二、处理纠纷

要成功处理纠纷，先要找到最合适的方式与客户进行交流。很多售后客服都会有这样的感受，客户在处理纠纷时会情绪激动甚至愤怒，这实际上是一种发泄方式，客户最希望受到同情、尊重和重视。此时，售后客服需要换位思考，站在客户的立场向其表示歉意，并采取相应的措施。

### 1. 处理纠纷的原则

（1）快速响应，热情接待。

客户认为商品质量有问题，一般会比较着急，怕不能得到解决，而且会不高兴。这个时候售后客服要快速反应，最好能在客户呼入10秒内及时回复。

（2）耐心倾听，真诚道歉。

当客户投诉时，售后客服要热情地接待，不要急于辩解，更不能否认问题所在，应当耐心地倾听客户对商品或服务的哪些地方不满意。无论是什么原因造成的客户不满意，售后客服都应该诚恳地向客户道歉，不要找借口对客户的抱怨敷衍了事。面对售后客服极为诚恳的道歉和积极解决问题的态度，大部分客户都会理解和原谅的。

（3）仔细询问，详细解释。

客户在将不良情绪发泄后，态度会相对平和。此时售后客服应仔细询问并记下客户的问题，与客户一起分析、查询问题产生的原因，对客户的疑问给予详细解释。同时，针对问题找出合适的解决方案。

（4）提出补救方法，解决问题。

客户在发现购买的商品存在质量问题后，第一时间想到的就是问题能不能得到解决，以及需要多久能够得到解决。当客户发现售后客服提出的补救方法合情合理时，就容易消除心中的顾虑。

（5）及时执行，跟进反馈。

售后客服除了给出补救方法，还要及时落实，让客户感受到诚意。在实施补救措施后，售后客服要及时跟踪进度、向客户反馈，让客户随时了解进展情况。

### 2. 根据引起纠纷的原因区别对待处理

（1）处理商品质量引起的纠纷。

面对此类纠纷，专业的知识和耐心的引导是很重要的，售后客服要有礼、有节地指导客户。在安抚客户的过程中，售后客服要语气委婉，并且能做到冷静分析、耐心引导。处理商品质量引起的纠纷的方法如下。

商品质量不过关可以让客户提供图片或者证明，售后客服在确认无误后可退货或者退款；当客户对商品有误解时，售后客服可以向客户解释商品的特性；当客户使用方式不当时，售后客服可以引导客户了解正确的使用方法；当商品与客户的预期有较大差距时，售后客服需要核实商品的描述和售前客服在线导购时的描述是否有夸大的现象，因此造成的误会或损失，要及时向客户道歉或退款。

**客服典例**

关于商品质量问题的回复：

"亲！真对不起，首先对您表示歉意。这款衣服的面料真的很好，只是每个人对面料的感觉、手感及认知都不一样。如果亲不喜欢的话，我们支持 7 天无理由退换货哦，我们的售后客服会为您提供最热情、最贴心的售后服务，谢谢亲提出宝贵意见！我们会尽力改善这种情况。"

（2）处理物流引起的纠纷。

比较常见的引起物流纠纷的原因是发货、送货的时效性问题，以及快递人员的服务态度和物流费用问题。无论是哪种原因造成的物流纠纷，售后客服都有义务帮助客户获得更好的服务。

👤 **客服典例**

---

关于物流问题的回复：

　　"亲！真对不起，首先对您表示歉意，快递都是中转的，是需要时间的哦！有时候快递爆仓也会耽误时间，我们这边会尽一切努力催快递公司哦！谢谢亲提出宝贵意见！我们会尽力改善这种情况。"

---

（3）处理服务态度引起的纠纷。

如果是客服人员的工作态度和工作方法的问题，商家可以通过查聊天记录、服务过程找出问题，并进行解决，同时应该了解客户的想法；如果是客户借故想退换货，则可以按照"7 天无理由退换货"的规定执行。

## 任务四　处理客户投诉

### 一、客户投诉的原因分析

从广义来说，客户在使用商品或服务时，通过各种途径所反映的对商品或服务的不满，均称为投诉。狭义投诉是指客户对商家的商品或服务表示不满意，并提出了具体的处理要求，目的在于通过投诉使商家采取对应的处理措施。

客户在购买商品时，对商品本身和商家的服务都抱有良好的愿望和期盼，如果这些愿望和要求得不到满足，就会失去心理平衡，由此产生抱怨和想"讨个说法"的行为，进而导致投诉。客户投诉有如下几种。

#### 1. 商品投诉

（1）质量投诉；

（2）尺码投诉；

（3）色差投诉；

（4）差价投诉；

（5）真伪投诉；

（6）规格投诉。

## 2．物流投诉

（1）发货时间投诉；

（2）物流时效投诉；

（3）物流费用投诉；

（4）物流服务投诉；

（5）疑难杂件投诉。

## 3．态度投诉

（1）售中客服态度投诉，商品质量宣传有误，业务不熟悉；

（2）售后客服态度投诉，与客户沟通太随意，业务不熟练；

（3）快递人员态度投诉。

## 4．其他投诉

（1）发票投诉；

（2）缺件少件投诉；

（3）未履行承诺投诉。

# 二、如何处理客户投诉

## 1．处理客户投诉的 CLEAR 原则

（1）控制情绪（Control）。

当客户生气时，售后客服首先应控制自己的情绪。当客户进行投诉时，往往心情不好，失去理智，其语言或者行为会让售后客服感受到被攻击、不耐烦，从而被惹火而愤怒，这样就使得事态发展更加复杂，网店的服务和信誉严重受损。所以售后客服要学会控制情绪。

（2）倾听客户的诉说（Listen）。

先处理情绪，再处理问题。待客户的情绪平复下来后才能解决好问题。为了管理好客户的情绪，售后客服首先要知道客户为什么投诉，静下心来积极、细心地倾听客户的投诉，做一个好的听众。

（3）建立与客户共鸣的局面（Establish）。

共鸣被定义为站在他人的立场，由他人的某种思想感情引起相同的思想感情。对客户的遭遇深表理解，这是化解怨气的有力武器。当客户投诉时，他最希望自己的意见受到对方的尊重，自己能被别人理解。

（4）对客户表示歉意（Apologize）。

售后客服倾听了客户的投诉，理解了他们投诉的缘由和感受，那么就有必要对客户遇到的问题表示歉意，从而使双方的情绪得以控制。

（5）提出应急和预见性方案（Resolve）。

在积极地倾听、共鸣并向客户道歉后，双方的情绪都得到了控制，现在是时候把重点从互动转移到解决问题上来了。平息客户的不满与投诉，问题不在于谁对谁错，而在于双方如何沟通并解决问题。

### 2. 处理客户投诉常用技巧

（1）有效倾听客户的抱怨。

为了让客户心平气和，售后客服应该注意认真倾听客户心中的抱怨，并对他们的感受表示同情，进而赢得他们的信任。在富有耐心和同情心的售后客服面前，即使是喜欢挑剔的客户，甚至是那种脾气火爆的客户，态度也会变得缓和起来。当客户正火冒三丈地倾吐自己的抱怨与不满的时候，售后客服应当保持足够的耐心去听，而且只是认真地倾听，不要做任何的反驳，否则会让客户更加坚持自己的观点，使事情更加难以处理。

（2）让客户先发泄情绪。

如果客户还没有将事情全部诉说完毕，售后客服就中途打断客户，做一些辩解，只会更大地刺激客户的不满情绪。售后客服应该让客户把要说的话和要表达的情绪都充分地发泄出来。客户在发泄了不满情绪后就会有一种较为放松的感觉，情绪也能逐渐地平静下来。

（3）确认问题所在。

倾听不仅是一种动作，还包括认真了解事情的来龙去脉，确认问题的症结所在，并用纸笔将问题记录下来。如果售后客服对客户抱怨的内容不是十分了解，可以在客户将事情说完之后再请问对方。不过不能让客户产生被质问的感觉，而应以婉转的方式请对方说明情况。例如，"很抱歉，有一个地方我不是很了解，是不是可以再向您请教……的问题"。在对方说明时，售后客服应随时以"我懂了"之类的回应来表示对问题的了解状况。

（4）诚心诚意地道歉。

不论责任是否在于商家，售后客服都应该诚心诚意地向客户道歉，并对客户提出问题的举动表示感谢，这样可以让客户感受到被重视。售后客服在表达歉意时态度要真诚，而且必须建立在凝神倾听了解的基础上。如果道歉的内容与客户的投诉根本不是一回事，那么这样的道歉不但无助于平息客户的愤怒情绪，反而会使客户认为售后客服在敷衍而变得更加不满。

（5）实实在在解决问题。

解决问题是最关键的一步，只有妥善解决了客户的问题，才算完成了对投诉的处理。问题解决得好，客户感到满意，下次自然还愿意来这里购物；如果售后客服敷衍了事，客户就会更加不满，以后永远都不会再光顾了。

**客服典例**

> 售后客服："您好，我们发现您投诉了咱家宝贝，但是评语很少。我能知道是什么原因让您投诉的吗？"
>
> 客户："有一个按键不好用，感觉是次品。"
>
> 售后客服："咱家商品质量都有保证。您遇到的问题可能是在配送的过程中造成的，咱们店负责退换，希望您撤销投诉。"
>
> 客户："我会退换，但投诉不会撤销。"
>
> 售后客服："只要您能撤销，我们就会给您报销运费。另外，我们店铺还有一些小商品，您可以在 10 元以下的商品中任选一款喜欢的，我们将在退换时一起给您邮过去，您看怎样？"
>
> 客户："好吧，我撤销投诉，但你们说的话要兑现。"
>
> 售后客服："一定，谢谢您！"

没有一家网店能避免投诉，没有一个投诉会无缘无故。网店要抓住每一次"变投诉为财富"的机会，处理好客户投诉，争取把处理客户投诉作为再次赢得客户、重获商机和重新树立店铺形象的机会。

### 3. 处理客户投诉的步骤

（1）接受投诉。

客户找到售后客服进行投诉，售后客服应该耐心地倾听投诉事件的前因后果，耐心引导客户将投诉事件的原因及想得到的处理结果介绍清楚，以便更好地对投诉事件进行有效、妥善的处理。此外，售后客服一定不能抱有抵触情绪，应站在客户立场设身处地地替客户着想，表现出自己的专业素质。

先安抚客户的情绪，再处理事情。如果客户表现出异常的情绪，售后客服要先进行自我暗示，让自己保持冷静，再去安抚客户。在安抚客户时，售后客服要从客户的角度出发，同情和理解客户，可以说"发生这样的事，我完全能理解您的心情，如果是我碰到这样的情况，我也会和你一样""我非常理解您的心情，我一定会竭尽全力为您解决"。

（2）记录投诉内容。

客户找到售后客服进行投诉，售后客服应该记录客户所投诉问题的重要部分，给予积极回应。在客户陈述时，售后客服不要轻易打断客户的话语，认真倾听并给予积极回应，在倾听过程中，可以适当重复客户所描述的事情。

在了解整个事件的全部过程后，售后客服应确认事实和客户投诉的目的，将模糊信息具体化，重复客户所说的话，并且拿起笔来记录客户反复强调的重点，有助于让客户感到自己的心声获得重视。记录的信息包括：发生了什么事、事件发生的时间和地点、影响的程度如何，等等。最好能将一些模糊的信息具体化，如"常常""很久"等词语有必要换成"3天一次"或"10天前"这类确定字眼。售后客服在确认投诉内容时应多采用封闭式的提问。

（3）判断投诉责任归属。

售后客服在接到客户投诉后，应该根据客户投诉的内容判断投诉责任的归属。客户投诉责任归属一般分为3种情况。

①商家有过错：商家出售的商品存在质量、服务、价格、诚信等问题；

②商家和客户共担责任：色差、尺码不合适等问题；

③商家无过错：客户因比较挑剔、主观意识较强、对商品持过高期望等而产生不满。

（4）提出初步处理意见。

售后客服按照相关规定，参照客户的投诉要求，向客户提出解决投诉的具体方案，如退货、换货、维修、折价、赔偿、赠优惠券等。

（5）反馈投诉结果。

对于简单问题，售后客服可直接做出相应的处理；对于复杂问题，在得到领导批示后，售后客服应第一时间将处理结果向客户进行反馈，说清楚责任归属情况及投诉处理最终结果，并希望取得客户的认同。

（6）投诉回访。

在处理完投诉事件后，售后客服应对投诉的客户进行回访，一方面了解客户对投诉处理结果的态度，另一方面也体现出网店关注客户需求、重视客户价值。

# 任务五  客户服务评价处理

## 一、客户服务评价的类型

在整个交易过程中，最后一步就是客户和商家互相评价。评价一般会分为好评、中评和差评。

### 1. 好评

商家提供优质的商品和用心的服务，客户在收到货后对商品和服务都满意，一般会给商家好评。对售后客服来说，收到好评并不意味着这个订单完美收官。一条评价在页面中展示，其他客户除了能看到这条评价，还能看到售后客服的解释。因此，对于给好评的客户，售后客服也可以回复评价。售后客服做出合适又有亲和力的回复，对客户的复购及店铺形象的口碑传播都非常重要。合理又有创意的回复不仅可以维护店铺客户的黏性，还可以让店铺更加人性化，提升客户对店铺的好感。

**客服典例**

---

**售后客服回复好评典例**

售后客服 1："因为有您的评价，今天我们不知不觉地成了皇冠卖家……继续走高端路线，自主设计，自主生产，合理定价，希望亲能一如既往地支持小店哦，谢谢！"

售后客服 2："感谢您对我们的支持，在亲的鼓励与支持下我们会更加努力！欢迎亲的下次光临！"

售后客服 3："小店的荣耀，因你而来！用心经营，拒绝暴利，只因你我一心！一动皆全局动，相信自己的力量。"

售后客服 4："亲！非常感谢亲的支持，亲的支持是小店成长的基石、提供优质服务的动力，我们承诺会以更快、更好的服务与更好的商品回馈我们的客户，也期待着亲在将来为我们的发展提出宝贵意见，小店竭尽全力提供优质服务，谢谢您的惠顾！"

---

### 2. 中差评

在销售过程中，让售后客服比较头疼的就是客户的中差评，中差评不但直接影响商品的转化率，还会直接影响店铺的口碑。特别是一些不好的负面评价，无论是对电商的整体信誉还是对店铺的商品销量，都会产生非常大的影响，如图 5-4 所示。

图 5-4

一般来说，导致中差评的原因主要有以下几种。

（1）商品的问题。

客户收到的商品数量少了、破了、有色差、有气味、有线头、质量不好、不是正品等会导致中差评，这种情况导致的中差评占中差评总数的一半。

（2）客户主观感受问题。

客户觉得商品尺码不标准、买贵了、收到后不想要了、没有想象中的好等，也会导致中差评。

（3）店铺服务相关问题。

售前服务态度和售后服务态度反差大、回复不及时、退货和退款无法达成共识而产生纠纷、在出现问题时客服人员不予处理等店铺服务的问题会导致中差评。另外，快递慢、包装破损、快递人员服务态度不好等也会导致中差评。

（4）恶意评价。

恶意评价是指客户和同行竞争者等评价者以给予中差评的方式谋取额外钱财或其他不当利益的行为。

售后客服要先分析客户是基于上述哪种情况给出的中差评，在弄清问题后，再按实际情况进行处理。

## 二、处理中差评

### 1. 处理中差评的沟通步骤

（1）时效性第一。

在客户给予中差评后，售后客服能不能及时做出处理，是能否让客户做出改变的决定性因素。在客户给出中差评后，售后客服如果在最短时间内获知并进行沟通，解决效率无疑是最高的，时间拖得越久，解决的可能性就越小，付出的补偿越大，将客户挽救成回头客的可能性就越小。

（2）选择沟通时间点。

在与客户沟通之前，售后客服需要考虑沟通时间点的选择问题。根据客户的收货地址，售后客服一般可判断出客户所处的行业或所从事的职业，售后客服对该行业或职业的作息制度要有所了解或提前做好功课（购物史、给出差评历史、评论内容等），把握好沟通的时间点，这样就能做到有的放矢，降低客户拒接、挂断电话的概率。

（3）选择沟通工具。

在进行中差评处理时，在沟通工具的选择上，首选是电话。语音沟通具有文字沟通无法企及的优势。在各种大促、聚划算、淘金币等之后售后处理工作量较大的情况下，基本可以放弃文字沟通，电话+沟通技巧+态度诚恳＋适当补偿=最理想的处理效果。

（4）给出合理解释。

不同的客户给出中差评的原因是不同的。有的客户是因为商品问题，有的客户则是因为服务问题。售后客服要针对客户给出中差评的原因做出合理的解释，以此来消除客户心中的不快。售后客服在解释时注意不能互相攻击、谩骂，需要真诚地表达歉意，做到态度诚恳、实事求是。

（5）承诺适当补偿。

不同客户的诉求是不同的，不是所有给中差评的客户在售后客服做出合理解释并真诚地道歉之后都会更改自己的评价。对一些客户来说，如果见不到实在的利益，他们是很难更改评价的。所以，当所有劝服方式都不能奏效时，售后客服可以通过利益诱导的方式促使客户更改评价，如赠送优惠券、下次包邮、送店铺会员等级、送礼品等。

（6）温馨道别。

要想说服客户更改中差评，售后客服有时需要与客户进行反复的沟通。在每次沟通结束时，不管客户是否答应更改自己的评价，售后客服都要温馨道别。在有些情况下，尽管客户不同意更改差评，但如果售后客服能给予温馨的道别，往往会出现"柳暗花明又一村"的惊喜。一些客户会因为售后客服的温馨道别而更改自己的评价。

### 2．处理中差评的沟通方式

（1）直奔主题，并且语气要温和。

每个人的时间都是宝贵的，特别是职场人士。如果在沟通时不能开门见山，售后客服不能做到节约客户的时间，则很可能让沟通难以顺利地进行下去。这就需要售后客服在与客户沟通时，要让对方在第一时间知道自己与其沟通的目的，而不是绕来绕去，一直不说明来意。在接下来的案例中，售后客服在与客户沟通时就犯了这方面的错误，没有选择直奔主题。由于客户在工作，没有足够的时间与售后客服沟通，导致心生厌烦而沟通失败。

### 👤 客服典例

一位客户因为皮箱的材质与商家的描述不符而给了差评。售后客服负责与客户沟通，让其更改评价。

售后客服："您是刘先生吗？"

客户："是啊，有事吗？你是谁？"

售后客服："请问你对真皮的定义是什么？"

客户："莫名其妙！你到底想干什么？不说我就挂电话了，现在是上班时间！（语气有点不耐烦）"

售后客服："我是×××小店的售后客服，几天前您在我们小店拍了一个皮箱。"

客户："是拍过，怎么了？"

售后客服："能谈谈您对真皮的理解吗？"

客户："无聊，有事就说吧！（生气，语气强硬）"

售后客服："是这样的，您在评价的时候给了差评，能更改一下吗？"

客户："早说不就好了？我没有时间，再见！"

（2）开门见山，直接认错，在认错中渗透解释。

一位客户在网店买了一款手机，但是刚收到货手机就出现了黑屏、闪屏的情况。基于此，这位客户给了差评。售后客服决定与该客户沟通，说服其更改评价，给予好评。于是，两位售后客服针对这件事情与该客户展开了沟通。

### 👤 客服典例

售后客服 1："您好，我是×××店铺的售后客服，发现您给我们的手机打了差评，您抱怨手机总是黑屏、闪屏。"

> 客户："的确是这样。"
>
> 售后客服 1："手机有问题，不是我们店铺的错误，是厂商的错误，您不能把责任都推到我们身上吧？"
>
> 客户："这么说是我的错误？"
>
>
> 售后客服 2："您好，我是×××店铺的售后客服。我看了您写的评论，这都是我们的错。对于给您造成的麻烦，我们表示歉意！"
>
> 客户："你们的确该道歉，刚入手的手机就出现了黑屏。"
>
> 售后客服 2："您说得对，虽然手机不是我们生产的，但我们有不可推卸的责任。"
>
> 客户："态度还不错。"

态度的好坏直接决定了沟通能否继续顺利进行。在与客户进行中差评沟通时，售后客服首先要表现出主动认错的态度，再进行说服。

（3）给予一些补偿。

在单纯的语言说服达不到想要的效果时，如果售后客服能够承诺给予客户一些补偿，往往会收到良好的效果。

（4）陈述事实，不弄虚作假。

**客服典例**

> 售后客服："您好，从您的评语中可以看出，您感觉我们店的药品不是正品，感觉使用起来没有效果。"
>
> 客户："是啊，用了两天，没有任何效果。"
>
> 售后客服："我可以向您保证，我们的药品是正品。我可以教您验证方式——扫描包装上的二维码，就能看到相关的药品信息。至于您说的没有效果，应该是中药起作用比较慢，这是咱们都知道的。只要您按照说明书使用，一定能够见到成效。"
>
> 客户："哦，原来是这样啊，那我就放心了。"
>
> 售后客服："您看，咱们之间的误会也消除了，您是不是可以改一下评价？"
>
> 客户："可以。"

> 有些时候，并不是所有劝服的方式都能取得预期的效果。有些客户似乎能够看透售后客服的用心，他们丝毫不为劝服所动。针对此类客户，售后客服可以采取直陈事实的方式。

（5）态度友善，诙谐回复。

与给予中差评的客户进行沟通，最重要的是售后客服要营造适于沟通的氛围。幽默诙谐是打造良好沟通氛围的重要方式，如果售后客服幽默诙谐地回复客户，则能够营造轻松的沟通氛围，让客户感到愉悦。

**客服典例**

客户："这款手机有很多缺点，又拖了这么多天才到货，给差评是最轻的了。"

售后客服："施主无过，过在己身。阿弥陀佛，请施主息怒!"

客户："呵呵，还挺能整词的，告诉我你们这款手机的最大优点是什么?"

售后客服："可以打电话。"

客户："那缺点呢?"

售后客服："不能刮胡子啊!"

客户："嘿嘿，看来你还真幽默!"

售后客服："逗你开心嘛，现在你的心情是不是好多了？"

客户："哈哈……"

售后客服："现在淘宝难混啊，您的一个差评就会让我们'坠入地狱'哦，希望您能体谅，高抬贵手，给咱家小店一个重生的机会，我会感激不尽的!"

客户："真是服了你了!我一定改!"

### 3. 中差评处理技巧

（1）提供高出预期的服务。

客户对商家的服务都有一定的预期，如果商家的服务达不到这个预期，就很难让客户给予好评。在客户做出中差评之后，商家能不能为客户提供高出预期的服务，是能否让客户修改评价的重要因素。所以，售后客服在与客户进行沟通时，要善于利用高出预期的服务以促使客户修改评价。

（2）巧用赞美。

售后客服在与给予中差评的客户进行沟通时，要懂得运用赞美的小技巧。如果售后客服在客户犹豫不决时能够及时赞美客户，肯定客户的眼光，就能让客户的心情更好。更重要的是，赞美会让客户更加乐意与你沟通，增加对你的好感，最终更改评价。即使客户不同意更改评价，也会因为你的赞美而感受到真诚。

（3）争取同情。

人都是有同情心的，客户也一样。在与做出中差评的客户沟通时，售后客服要善于利用客户的同情心。当所有沟通方式都不能奏效时，售后客服可以运用诉苦的方式，如告知客户店铺生意难做、经营网店很劳累等，以激起客户的同情心。

（4）用店主身份进行沟通。

每个人都渴望被重视，售后客服在与客户沟通时要善于利用这种心理。售后客服在不能取得自己想要的效果时，要善于利用店主的身份，以店主的口吻与客户进行沟通。两种身份的影响力是不同的。以店主身份进行沟通，会让客户产生一种被重视和尊重的感觉，从而使沟通更加顺畅，也容易促使客户对评价做出更改。

（5）巧妙应对差评师。

网上开店，好的口碑和信誉会为店铺带来更高的点击率和成交量。随着网络购物的快速发展，网上有很多恶意客户做起了差评师，专门以给网店差评为手段索要钱财。要想避免这种情况发生，售后客服应及时识别客户的身份，告知对方库存缺货，在交易还没有完成时让作为差评师的恶意客户退单。若已经下单发货，售后客服要及时采取措施进行补救。

**4．中差评解决方案**

当店铺出现中差评时，售后客服一定要第一时间通过客户的评价内容判断是什么原因导致了中差评，并且快速给出解决方案。根据淘宝网的评价管理，在客户对某笔订单做出评价后的 30 天内，客户可以对中差评进行修改或删除。而且要注意，好评和店铺评分一旦做出，均不可再修改或删除。具体的解决方案一般有以下几种。

（1）由商品问题导致的中差评。

售后客服要联系客户核实商品的具体问题，根据商品问题的严重程度及客户的意向，给客户退换货或者部分退款补偿。在问题解决后，售后客服要引导客户修改中差评。对于由商品问题引起的差评，在问题解决后，客户对店铺服务的好感有所提升，可以修改中差评。

（2）由客户主观感受导致的中差评。

这种情况一般是因为客户在收到商品后感觉没有预期的好，不符合自己的预期。这时售后客服可以联系客户提出补偿，以直接抵现的店铺优惠券或者店铺红包来弥补客户的心理落差，并引导客户修改中差评。

（3）由店铺服务导致的中差评。

对于这种情况，售后客服首先要确定是快递服务还是店铺客服的原因，为店铺后期服务的提升和改进明确方向。若是快递服务的原因，售后客服要先对客户表示歉意，然后及时与合作的快递公司对接；若是店铺客服的原因，售后客服要及时针对客服问题做出改进。不管是快递服务还是店铺客服的原因，售后客服都要确保后期不再出现类似的问题，最好是给客户适当的补偿，平息其不满，进而让他修改差评。

（4）恶意差评师给的中差评。

对于这种情况，售后客服在处理时一定要收集到有力的证据，及时反馈给平台，交由平台人员处理。

**案例思考**

客户李女士在购买了一款时尚提包后给出差评：商家服务不好，虽然我知道你很忙，但每次也不必和我说话如此简单吧，不是"嗯"就是"好"，一个字一个字地说，太不尊重人了，所以给个差评。

售后客服在遇到上述情况时应该怎样处理呢？

**项目检测**

## 一、选择题

1. 在订单跟踪过程中，发现包裹因地震、洪水、海啸等自然灾害而丢失，属于（　　　）。

  A. 公司内部的原因        B. 快递公司的原因

  C. 不可抗力原因         D. 客户自身的原因

2. 下列不属于售后客服就商品延迟情况应答客户的小技巧的是（　　　）。

  A. 勇于道歉    B. 响应要及时    C. 信息要记录    D. 敷衍客户

3. 客户对收到的商品不喜欢，属于（　　　）。

  A. 商品原因    B. 物流原因    C. 客户原因    D. 卖方原因

4．客户在收到商品后，因为尺寸问题提出退货，售后客服应明确告知客户退换的条件及运费承担问题，引导客户权衡利弊，这属于（　　）。

　　A．分析退换货原因　　B．劝客户留下商品　C．跟进并告知　　　D．拒绝客户

5．客户对商品的品质、真伪、使用方法、色差等相关因素产生怀疑而导致的纠纷，属于（　　）引起的纠纷。

　　A．商品质量　　　　　B．物流配送　　　　C．客户服务　　　　D．商家信用

6．下列不属于纠纷处理技巧的是（　　）。

　　A．快速响应，热情接待　　　　　　B．耐心倾听，真诚道歉

　　C．仔细询问，不解释，不处理　　　D．提出补救方法，解决问题

7．投诉处理"CLEAR"原则中的"Listen"是指（　　）。

　　A．控制情绪　　　　　　　　　　　B．聆听客户的诉说

　　C．建立与客户共鸣的局面　　　　　D．对客户的情形表示歉意

8．下列选项中不属于投诉处理常用技巧的是（　　）。

　　A．有效倾听客户的抱怨　　　　　　B．让客户先发泄情绪

　　C．确认问题所在　　　　　　　　　D．拒绝道歉

## 二、简答题

1．导致商品延迟的原因有哪些？

2．处理退换货的沟通技巧有哪些？

3．售后客服在处理纠纷时有哪些技巧？简述处理由商品质量问题导致的纠纷的方法。

4．关于物流的投诉有哪些情况？

5．简述处理中差评的沟通方式。

## 三、实训题

客户："你帮我把这些麦片退掉吧！"

售后客服："您好，这些麦片有什么问题吗？"

客户："没有，就是不想要了，你帮我退掉吧！"

售后客服："对不起，如果商品没有质量问题，是不能退换的。"

客户："我买它确实没用，因为我是一个糖尿病患者，是不能吃含糖食品的。我在买的时候没有仔细看，买回来才发现。我家里也没有别人，买回来就只能浪费，所以你还是给我退了吧。"

售后客服："哦，这么说您买它确实没用，那我就破例给您退了吧。"

客户："谢谢你，你真通情达理!"

售后客服："不客气，建议您以后在买食品的时候看一下配料表的详细描述，就知道其是否含糖了。"

（1）分析售后客服与客户的交流是否得当。

（2）通过此案例分析总结，当售后客服与客户在交流过程中出现问题时，应该如何解决？

**客服新媒**

### 快手小店退换货纠纷问题的责任归谁

商家在快手开店会不时遇到纠纷。退换货纠纷是商家经常遇到的纠纷。因为客户或商品的问题而产生退换货纠纷，并申请了平台介入，责任归谁呢？判定标准如下。

1. 客户退回商品有破损且商家已签收的

若商品有轻微破损，建议商家与客户协商折价退款；双方就退款金额无法达成一致，申请快手小店介入的，快手小店有权就折价比进行判定。若商品破损严重，商家有权将商品寄回客户；若商家无法提供商品破损的有效证明，快手小店有权以先行赔付方式为客户办理退货退款。

2. 快手小店介入判定商家少件问题成立的

商家应在 24 小时内为客户补发商品并提供补发运单号，如果超时就按商品延时发货处理；如果无法补发，快手小店有权以优先赔付方式退还客户少件金额（少配件和赠品将参照商品详情页标明的价格进行退款，少商品将按客户购买该商品的实际金额进行退款），由此产生的费用由商家自行承担。

3. 快手小店介入判定商家发错货问题成立的

商家应为客户办理退换货处理，若客户发起赔付申请，快手小店有权按订单延时发货处理，退换货产生的运费由商家自行承担。

4. 快手小店介入判定商家无故驳回退换货申请或变更服务单处理结果的

快手小店有权以先行赔付的方式为客户办理退货退款，商品由商家联系客户取回。

5. 快手小店介入判定商家无正当理由拒收的

快手小店有权以扣除货款或扣除保证金的方式为客户办理退款，商品由商家自行联系客户取回。

6. 快手小店介入判定商品退换货不及时的

物流显示商家已签收或商品在商家当地停滞超过 24 小时，快手小店有权以先行赔付的方式为客户办理退款。

7. 若客户因商家违反标准退换货服务要求而提出赔付申请的，由此产生的赔付费用由商家自行承担。

8. 商家违反"退换货问题管理规范"致使客户无法完成退换货或商品已不适宜退货（已拆封的食品、已损毁的商品等）的，快手小店支持客户仅申请退款不退货。

9、商家提供的退货地址错误导致在客户退回商品后无法送达的，快手小店将支持客户申请退款，商品由商家自行召回，由此产生的损失由商家承担。

# 项目 6

## 维护客户关系

客户是企业的衣食父母，是企业赖以生存和可持续发展的重要保证。企业在网络市场中的竞争，归根结底是对客户的竞争。企业只有在充分了解客户需求的基础上为其提供针对性的服务，并提供持续不断的客户关怀，才能充分发挥每个客户的最大价值，创造更多的利润。

### 学习目标

- 素质目标

1. 牢固树立乐于奉献、客户至上、造福他人、服务社会的责任意识；

2. 努力践行吃苦耐劳、甘于奉献的劳动精神和追求卓越、精益求精的工匠精神。

- 知识目标

1. 了解常见的回访客户的目的；

2. 掌握回访客户的时机和流程；

3. 明确客户信息的类型和内容；

4. 掌握客户信息的获取途径；

5. 掌握客户信息管理的原则；

6. 明确客户流失的原因。

- 能力目标

1. 学会分析各种客户的购买心理；

2. 能够针对不同类型的客户，熟练运用沟通技巧进行回访；

3. 学会使用客户信息整理工具；

4. 能够根据不同的情况，运用技巧挽回流失客户。

案例导入

### 网店要发展，客户关系管理是关键

"夕锦服饰"是一家专注于销售中老年人服装的网店。经过两年的苦心经营，"夕锦服饰"已经成为金冠商家。随着口碑和服务质量的不断提升，再加上过硬的商品质量，该网店的订单量不断攀升，客户数量也急剧增加。

看着网店每天不断壮大的客户群体，店主宋女士发现原有的客户服务模式已经不再适用了。宋女士尝试使用千牛卖家工作台中的"客户运营平台"来管理和维护客户关系，具体包括客户分组管理、会员制度建立、客户购买行为分析等。

"夕锦服饰"网店制定了严格的客服回访制度，客服人员要定期回访客户，及时与客户沟通信息，联络感情。网店还通过为客户打标签的方式对客户进行分层管理，分析同类客户的购物需求，从而进行精准销售。通过提供人性化、专业化的客户服务，"夕锦服饰"网店与客户之间的关系十分融洽，不仅商品质量得到客户的一致好评，服务态度也得到了客户的肯定。很多老客户都向亲朋好友介绍"夕锦服饰"网店，称其物美价廉、服务好、态度佳，是一家值得信任的好网店。

案例思考

维护客户关系的目的在于让客户留下来，愿意继续购买。客户关系维护工作的好与坏，最直观的反映就是客户是否愿意再次购买或者介绍周围的人来购买。那么，企业该如何维护客户关系呢？

## 任务一　回访客户

回访客户是客服人员的一项重要工作，也是企业用来开展商品或服务满意度调查和客户消费行为调查、维护客户关系的方法。客服人员及时回访客户，这既让客户觉得店铺重视他，又提升了客户复购率。同时，客服人员也可以利用回访客户的机会，与客户互动沟通，联络感情，为下一步提升销售量做准备。

## 一、回访客户的目的

### 1. 树立企业形象，宣传商品或服务

回访客户可以加深客户对企业售后服务的好感，提升服务层次。同时，也可以树立企业的形象，并借机向客户宣传企业的商品或服务，扩大销售。

### 2. 与客户联络感情，维护客户关系

加强企业和客户之间的沟通，降低客户投诉率。

### 3. 明确客户需求

只有明确客户的需求才能更好地为客户服务。尤其是企业主动回访客户，更能体现对客户的关怀。在回访过程中，企业了解了客户在想什么、最需要什么，以及对商品或服务有什么意见和建议。明确了这些，不仅有助于企业建立客户信息档案，而且对企业的经营发展至关重要。

### 4. 改善客户对商品或服务的评价

客服人员在面对客户的消极评价甚至投诉时，不仅要平息客户的抱怨，更要了解投诉产生的原因，弄清楚导致消极评价的原因是商品质量问题、服务问题，还是沟通问题或者其他问题。这不仅可以复盘服务过程，提升服务质量，还可以指导客户使用商品或服务，更好地满足客户的需求。

**客服典例**

> 客服人员小琪："亲，您好！我是水木芳香理疗馆的客服人员小琪，请问您是王小姐吗？"
>
> 王小姐："是的，有什么事吗？"
>
> 客服人员小琪："亲，您是我们店的贵宾客户，您购买的水木纯露保湿套装有没有使用？有没有遇到什么样的问题呢？"
>
> 王小姐："在使用了，但是用起来一般，感觉保湿效果不像你说的那么好！"
>
> 客服人员小琪："亲，保湿水只是用来补水的，而霜或乳是用来锁水的，如果不用霜或乳，脸上的水分就很容易蒸发掉，保湿水的效果也就没那么好了。所以水木纯露保湿套装内的保湿水和几款产品搭配使用才会长效保湿。"

### 5．传递店铺最新的促销信息

在回访老客户的时候，客服人员可以将店铺的促销活动告知老客户，不仅能够扩大销路，而且由于老客户的忠诚度很高，还可能会带来新客户。

**客服典例**

> 客服人员小琪："亲，您好！我是水木芳香理疗馆的客服人员小琪，请问您是刘小姐吗？"
>
> 刘小姐："是的，有什么事吗？"
>
> 客服人员小琪："亲，您是我们店铺的贵宾客户，为了答谢您的支持与信任，我们有一个店庆 10 周年感恩回馈贵宾客户的特惠活动，进店购物就有礼品赠送，全场低至 3 折，购物满 89 元包邮，还可以获得价值 59 元的精油一瓶！"
>
> 刘小姐："活动力度这么大啊！我去店铺看看。"

## 二、回访客户的时机

每一位客户的生活方式、职业不同，因此个人的时间安排也不尽相同。回访客户往往会占用客户一定的时间，所以应尽量利用客户方便的时间开展回访。

### 1．以一周为标准寻找回访时机

（1）星期一是双休日结束后上班的第一天，客户肯定会有很多事情要处理，如召开会议或布置这一周的工作，所以大多会很忙碌。如果要回访客户，应尽量避开这一天。

（2）从星期二到星期四，这三天是进行客户回访的最佳时间。客服人员应该充分利用这三天，寻找时机开展回访。

（3）星期五是一周最后一个工作日。客户一般都会忙于一些收尾性的工作。因此星期五不适合开展客户回访，客服人员可以开展一些调查或预约的工作。

（4）双休日是客户的休息时间，客户一般忙于与家人、朋友相聚，因此双休日不适合对客户进行回访。

### 2．以一天为标准寻找回访时机

（1）上午 8:30～10:00。

客户刚到工作单位，在一般情况下都在紧张地处理各种事务，这时即使接到回访邀约也无暇顾及。客服人员可以利用这段时间做一些准备工作。

（2）上午 10:00～11:00。

客户大多不是很忙碌，一些事情也已经处理完毕。因此这段时间适合开展客户回访。

（3）上午 11:30～下午 15:00。

午饭及休息时间，除非有紧急事宜，否则不要轻易打搅客户。

（4）下午 15:00～17:00。

这是客服人员回访客户的最佳时间，客服人员应充分利用这段时间开展回访。

（5）下午 17:00 至晚间。

此时，客户已经下班回家或参与各种应酬。除非有紧急事宜，否则不要轻易打搅客户。

## 三、回访客户的沟通技巧

客服人员对客户进行回访的最终目的是通过回访提高客户的满意度。客户对客服人员及店铺产生好感，才会再次，甚至持续在店铺购物。所以，为了提高回访的效率，达到回访客户的目的，客服人员在回访过程中还需对客户进行引导，并运用以下沟通技巧。

### 1. 注意回访的礼仪

中国是礼仪之邦，人际沟通的过程要遵循一定的礼仪，客服人员回访客户更应如此。客服人员需要特别注意礼貌用语的使用，让客户了解自己的来意，主动配合自己完成回访。比如，在客服人员说明来意之后，客户可能会表现出不愿意配合。针对这种情况，客服人员可以提前告知客户回访仅仅需要几分钟，并不会带来太大的麻烦。如果有必要，客服人员甚至可以用一些福利吸引客户完成回访。

**客服典例**

> 客服人员小琪："亲，您好！我是水木芳香理疗馆的客服人员小琪，请问您现在有时间吗？"
>
> 王女士："有时间，有什么事吗？"
>
> 客服人员小琪："上周您在我们店铺购买了水木纯露保湿套装，现在对您进行一下回访服务……"
>
> （如果客户回答没时间，客服人员应该说："不好意思打扰您了，请问您什么时候方便？我想对店铺的客户进行回访服务。"）

### 2．强调对客户的重视

客服人员可以在沟通的过程中适时强调店铺对客户的重视。这一方面能使回访更具有说服力，让客户更加配合；另一方面，也能让客户觉得自己在店铺中是有地位的，而基于这种感觉，客户会更乐意在店铺购物。

**客服典例**

> 客服人员小琪："亲，您好！请问您是秦女士吗？"
>
> 秦女士："是的，请问你是哪位？"
>
> 客服人员小琪："秦女士您好！我是水木芳香理疗馆的客服人员小琪。这次冒昧打扰您，就是想做一次回访。"
>
> 秦女士："我就在你们店买了几次东西，为什么要选我啊？而且我这人特别怕麻烦，回访这种事我看就没有必要了吧！"
>
> 客服人员小琪："您看，您也说了，您都是小店的常客了，所以，您对小店的商品和服务是非常有发言权的，这也是小店选择对您进行回访的重要原因。而且这次回访也就两三分钟的时间，还希望您能配合一下。因为您是小店的重要客户，所以，您在此次回访过程中的意见，小店都会重点考虑。还希望您能知无不言、多多配合啊！"
>
> 秦女士："哦，那好吧！"
>
> 客服人员小琪："感谢您的支持和理解，为了感谢您对回访的配合，小店将免费把您升级为店铺 VIP，今后您在小店购物可享受九折优惠，也希望您以后能够多多光顾小店。"
>
> 秦女士："哦，还有这样的好事啊！你们店做事还真人性化啊！既然是 VIP 了，我以后会多去你们的店铺看看的。"

### 3．拉近与客户的距离

在回访过程中，客服人员不要让客户等太久，要反应迅速、及时，保持高度热情，给客户良好的体验。在回访时客服人员可从关心客户及其家人入手，拉近距离，培养感情，便于了解客户真正需要解决的问题。

### 4．注意话术规范

话术规范是指客服人员在为客户提供服务过程中所应达到的要求和标准，体现了一个店铺的服务品质。因此，很多店铺都会针对客户回访专门制定一系列的规范话术，也是为了提高服务质量，减少客户投诉。

**客服典例**

**某电子商务公司的回访话术**

- 开头语

您好，请问是×女士/先生吗？我是××公司的客服××。很冒昧打扰您！现在方便接听电话吗?/请问您现在有时间吗?想对您做一个简单的客户回访。

- 结束语

感谢您抽出宝贵的时间接受我们的回访，同时也向您送上真挚的祝福。谢谢，再见!

### 5．针对不同类型的客户运用不同的沟通技巧

（1）情感冲动型。

一般来说，情感冲动型的客户具备如下特征。

第一，对周边事物的变化比较敏感。一般客户容易忽视的事情，这种类型的客户不但注意到了，而且还可能耿耿于怀。

第二，对自己所采取的态度与行为产生不必要的顾虑。

第三，情绪表现不够稳定，容易偏激。这类客户容易感情用事，稍受外界刺激便为所欲为，至于后果如何则毫不顾忌。

在回访这类客户时，客服人员应该做到：

第一，使用明快、直白且有感染力的语言，营造和谐的沟通氛围；

第二，预判客户对商品或服务的关注点，进而在交流中突出这些特点。

（2）沉默寡言型。

一般来说，沉默寡言型的客户具备如下特征。

第一，老成持重，做事三思而后行。这类客户在与客服人员交流时虽然在认真倾听，但反应冷淡，不轻易说出自己的想法。

第二，个性内敛，外人难以揣测其内心的真实感受。一般来说，沉默寡言型的客户比较理智，感情不易外露。

在回访这类客户时，客服人员应该做到如下几点。

第一，问出客户的真实想法。在回访中，沉默寡言型的客户没有过多的言语，从他的言谈举止中很难分析出他真正的需求。客服人员可以先用询问等方式来揣测这类客户的内心活动，仔细斟酌客户每句话里面可能包含的信息，然后找到切入点攻破客户沉默寡言的防线。

第二，给客户足够的思考时间。客服人员在回访这类客户时不要一味地寒暄，要及时切中要害，尽量把关键信息都展示给客户。客服人员在介绍完毕之后，可以选择暂时的沉默，把时间留给客户来思考。当客户有需要或者有问题时，再做回答也不迟。

第三，坦诚、直率地与之进行交流。客服人员切忌对商品或服务进行夸大其词的宣传，这样才能获取沉默寡言型客户的信任，达到回访的目的。

（3）喋喋不休型。

一般来说，喋喋不休型的客户具备如下特征。

第一，喜欢凭自己的经验和主观意志判断事物，不易接受别人的观点。因此，在回访过程中，客服人员如果不及时加以控制和引导，就会使回访变成家常式的闲聊。

第二，滔滔不绝，但常常偏离主题。这就需要客服人员在回访时要有足够的耐心和控场能力。

在回访这类客户时，客服人员应该做到：

第一，在客户兴致正高时引入回访的主题，使沟通围绕回访主题而展开；

第二，要给予客户充分的表达机会，切不可在客户兴致盎然时贸然制止。如果客服人员打断客户，就会带来消极的影响，甚至使客户产生抱怨。

（4）吹毛求疵型。

一般来说，吹毛求疵型的客户具备如下特征。

第一，疑心重，担心上当受骗。这类客户不容易信任客服人员，片面地认为客服人员只会夸张地介绍商品或服务的优点，而尽可能地掩饰缺点与不足。

第二，不易接受他人的意见，喜欢与客服人员辩论一番。这类客户争强好胜，喜欢与他人唱反调，经常鸡蛋里挑骨头。

在回访这类客户时，客服人员应该做到如下两点。

第一，采取迂回战术，适时称赞客户。在回访这类客户时，客服人员要放低姿态，心服口服地称赞客户的高见。

第二，要注意迎合客户争强好胜的习惯，请客户批评指教。

## 四、回访客户的流程

### 1. 在回访前做好充分的准备

（1）提前列出谈话要点。

客服人员在进行回访前，一定要提前列出谈话要点。比如，这次回访要达到什么目的，在什么时候邀约客户，需要向客户了解什么信息等。如果客服人员没有提前列出谈话要点，在沟通过程中一旦出现突发情况，就很容易不知所措，而断断续续的沟通会让客户觉得你不专业，从而降低对商品或服务的好感。

（2）提前准备好纸和笔。

"好记性不如烂笔头"，在回访过程中，客服人员可以用纸、笔将重要的信息记录下来，以免因回访客户数量较多而遗忘重要信息。

（3）调整情绪，带着愉悦的心情进行回访。

在回访客户时，态度应尽量和气，这样才能营造友好的沟通氛围，客户才会坦率地说话。如果客服人员在回访前没有调整好心情，那么就很有可能达不到回访的目的，甚至还会使店铺的老客户流失。

### 2. 在回访中要尽可能地节约时间

在回访中，客服人员一般遵循如下流程。

（1）自我介绍。

大多数人在接到陌生电话或陌生人发送的网络信息时，都会认为对方是骗子。因此，客服人员在回访客户时，一定要在第一时间向对方介绍自己，包括网店名称、职位和姓名，降低客户的警惕性。

（2）确认通话人的身份。

有时收货人和购买人往往不是同一个人，很多人借用其他人的账号进行网购。因此，客服人员一定要确认客户的身份，以免说了一大堆，对方却不知所云。

（3）及时向客户表明目的。

客服人员在确认客户的身份后，要及时向客户表达此次回访的目的。否则，客户可能会认为是店铺推销商品而拒绝回访。

（4）倾听客户反馈的问题。

回访最重要的是倾听客户的声音，解决可能存在的问题，这样才能增强客户的黏性。

客服人员切忌只说自己想说的，而不去倾听客户的声音。

（5）向客户道别。

在回访即将结束时，客服人员要有礼貌地感谢客户的配合，并向客户传达美好的祝愿，以免由于结束时的疏忽而影响回访效果。

**小提示**

　如果是电话回访，客服人员一定要等客户挂断电话后，再挂断电话，以免让客户感觉自己不礼貌。

### 3. 在回访后及时整理信息并保存记录

在回访结束后，客服人员应该将此次回访过程记录下来，并将重要信息进行备注，方便他人查询。如表 6-1 所示为客户回访记录表。

表 6-1

| 客户姓名 | | 联系方式 | | 家庭住址 | |
|---|---|---|---|---|---|
| 所购商品信息 | | | | 购买日期 | |
| 回访人员 | | 客户类型 | □老客户　　□新客户　　□休眠客户 | | |
| 回访时间 | | 回访方式 | □电话回访　　□千牛回访　　□QQ/微信回访 | | |
| 回访内容 | □1.商品使用情况　　□2.商品问题反馈　　□3.日常服务情况<br>□4.人员变动情况　　□5.其他需求 | | | | |
| 客户回访内容记录 | | | | | |

续表

| 处理方式及结果 | |
|---|---|
| | |

**任务二  整理客户信息**

对客服工作而言，客户资料是最为宝贵的财富。客服人员一旦掌握了客户的详细信息，就找到了扩大销售的门路。因此，整理客户信息是客服工作中不可缺少的一项工作。

## 一、客户信息的类型

客户信息主要分为描述类信息、行为类信息和关联类信息 3 种类型。

### 1．描述类信息

描述类信息主要是用来了解客户基本属性的信息。例如，个人客户的联系方式、地理位置信息和收入；企业客户的社会经济统计信息等。这类信息主要来自客户的登记信息，以及通过企业的运营管理系统收集到的客户基本信息。

这类信息的内容大多是描述客户基本属性的静态数据，其优点是大多数的信息内容比较容易采集到，缺点是一些基本的客户描述类信息有时缺乏差异性。

### 2．行为类信息

行为类信息一般包括：客户购买商品或服务的记录、客户与企业的联络记录，以及客户的消费行为和生活方式等相关信息。企业收集和分析客户行为类信息的主要目的是帮助企业的营销人员和客服人员掌握客户的购买行为，进而掌握客户的消费决策过程。

行为类信息一般来源于企业交易管理系统的交易记录、企业客户服务和客户接触记录，以及与客户接触的客服人员收集到的数据信息。

### 3．关联类信息

关联类信息是指与客户行为相关的，反映和影响客户行为和心理等因素的相关信息。关联类信息包括客户满意度、客户忠诚度、客户对商品或服务的偏好或态度、竞争对手的行为等。企业收集和分析客户关联类信息的主要目的，是更有效地帮助营销人员和客服人员深入理解影响客户行为的相关因素。

关联类信息可以通过专门的数据调研和采集获得，如通过市场营销调研、客户研究等获得客户的满意度、客户对商品或服务的偏好等；有时也需要通过复杂的客户关联分析来获得，如对客户忠诚度、客户流失倾向、客户终身价值等进行关联分析。

## 二、获取客户信息

### 1．客户信息的内容

（1）客户基础资料。

客户基础资料是企业客服人员最先获取的第一手资料。其主要包括客户真实姓名、地址、电话、性格、嗜好、家庭、学历、年龄、职业等。

（2）客户交易信息。

客户交易信息是指客户与企业之间达成交易的有关资料的文字性记载，包括订单号码、交易平台、交易日期、支付方式等。

（3）购物信息。

购物信息主要包括购买的商品的信息、购买频率、购买习惯、购买偏好、购买数量、购买金额等。

（4）客户反馈信息。

客户反馈信息包括客户对企业商品或服务的满意度、客户对企业促销活动的参与程度，以及客户对商品或服务的意见与建议等。

在日常工作中，客服人员要将整理客户信息作为一项重要工作来完成。在收集客户信息后，客服人员需要从所收集的信息中对客户进行分析。如表 6-2 所示是客户信息分析表。

表 6-2

| 客 户 信 息 | 客户信息分析 |
| --- | --- |
| QQ 号/微信号 | 生活圈子、兴趣特长等 |
| 家庭住址 | 生活习惯、消费习惯等 |
| 电话号码 | 消费的便捷性 |
| 职业 | 收入水平、消费能力等 |
| 年龄 | 消费习惯、消费水平等 |
| 购买次数 | 客户忠诚度和黏度等 |
| 购买周期 | 客户消费能力和忠诚度等 |
| 客单价 | 客户消费层次 |

### 2．获取客户信息的途径

（1）网店后台

通过查阅网店后台的客户购买记录，查看客户的姓名、住址、联系方式等。

（2）千牛工作平台

千牛工作平台具备强大的客户管理功能。客服人员可以借助千牛工作平台查阅客户的浏览记录、购买记录等；通过平台的接待中心功能，可查阅客户的历史记录。

## 三、客户信息管理

需要注意的是，随着时间的推移，客户信息容易发生变化，如家庭住址、电话号码等。因此，客服人员要在客户每一次购买之后核对信息，及时更新客户的联系方式。客服人员还要借助工具对客户信息进行集中管理。

### 1．客户信息管理的原则

（1）动态管理。

在客户资料库建立后，如若置之不顾，客户资料库就会失去它的意义。由于客户的情况是在不断发生变化的，所以要不断地调整、更新客户资料库，使客户管理保持动态性。

（2）突出重点。

在实际工作中，客服人员会收集到各种类型的客户资料。我们要从中找出重点客户。重点客户不仅包括现有客户，还包括潜在客户。这样可为企业选择新客户、开拓新市场提供资料，为企业进一步发展创造良机。

（3）灵活运用。

在建立客户资料库后，不能将之束之高阁，应以灵活的方式及时、全面地将里面的内容提供给企业各部门有关人员，使他们进行更有针对性的分析，提高客户管理的效率。

（4）专人负责。

客服人员应严格遵守客服职业道德，保护客户隐私，保守客户的秘密。企业也应针对客户管理制定具体的规则和办法，并由专人负责管理。

### 2．客户信息管理工具

在客户信息管理工作中，最常用的工具是 Microsoft Excel 软件。这款软件已经成为最流行的个人计算机数据处理软件，客服人员可以利用这款软件对客户信息进行汇总管理。如图 6-1 所示为客户信息表。

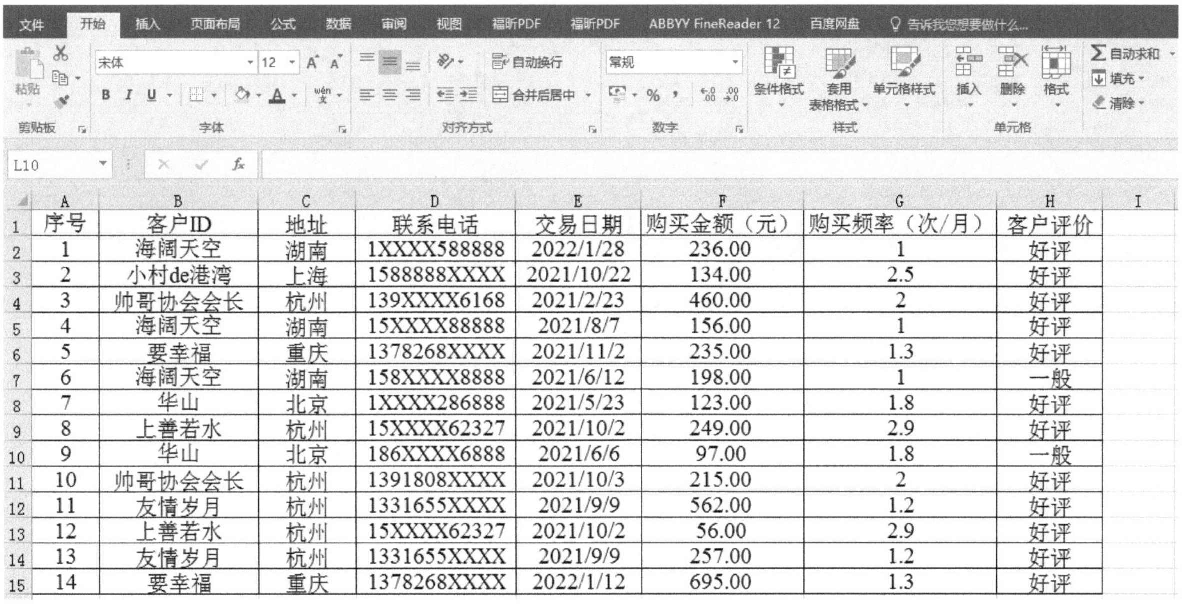

| 序号 | 客户ID | 地址 | 联系电话 | 交易日期 | 购买金额（元） | 购买频率（次/月） | 客户评价 |
|---|---|---|---|---|---|---|---|
| 1 | 海阔天空 | 湖南 | 1XXXX588888 | 2022/1/28 | 236.00 | 1 | 好评 |
| 2 | 小村de港湾 | 上海 | 1588888XXXX | 2021/10/22 | 134.00 | 2.5 | 好评 |
| 3 | 帅哥协会会长 | 杭州 | 139XXXX6168 | 2021/2/23 | 460.00 | 2 | 好评 |
| 4 | 海阔天空 | 湖南 | 15XXXX88888 | 2021/8/7 | 156.00 | 1 | 好评 |
| 5 | 要幸福 | 重庆 | 1378268XXXX | 2021/11/2 | 235.00 | 1.3 | 好评 |
| 6 | 海阔天空 | 湖南 | 158XXXX8888 | 2021/6/12 | 198.00 | 1 | 一般 |
| 7 | 华山 | 北京 | 1XXXX286888 | 2021/5/23 | 123.00 | 1.8 | 好评 |
| 8 | 上善若水 | 杭州 | 15XXXX62327 | 2021/10/2 | 249.00 | 2.9 | 好评 |
| 9 | 华山 | 北京 | 186XXXX6888 | 2021/6/6 | 97.00 | 1.8 | 一般 |
| 10 | 帅哥协会会长 | 杭州 | 1391808XXXX | 2021/10/3 | 215.00 | 2 | 好评 |
| 11 | 友情岁月 | 杭州 | 1331655XXXX | 2021/9/9 | 562.00 | 1.2 | 好评 |
| 12 | 上善若水 | 杭州 | 15XXXX62327 | 2021/10/2 | 56.00 | 2.9 | 好评 |
| 13 | 友情岁月 | 杭州 | 1331655XXXX | 2021/9/9 | 257.00 | 1.2 | 好评 |
| 14 | 要幸福 | 重庆 | 1378268XXXX | 2022/1/12 | 695.00 | 1.3 | 好评 |

图 6-1

（1）根据所要统计的项目，对客户信息进行分类排序。

①单击“数据”选项中的“排序”按钮，如图 6-2 所示。

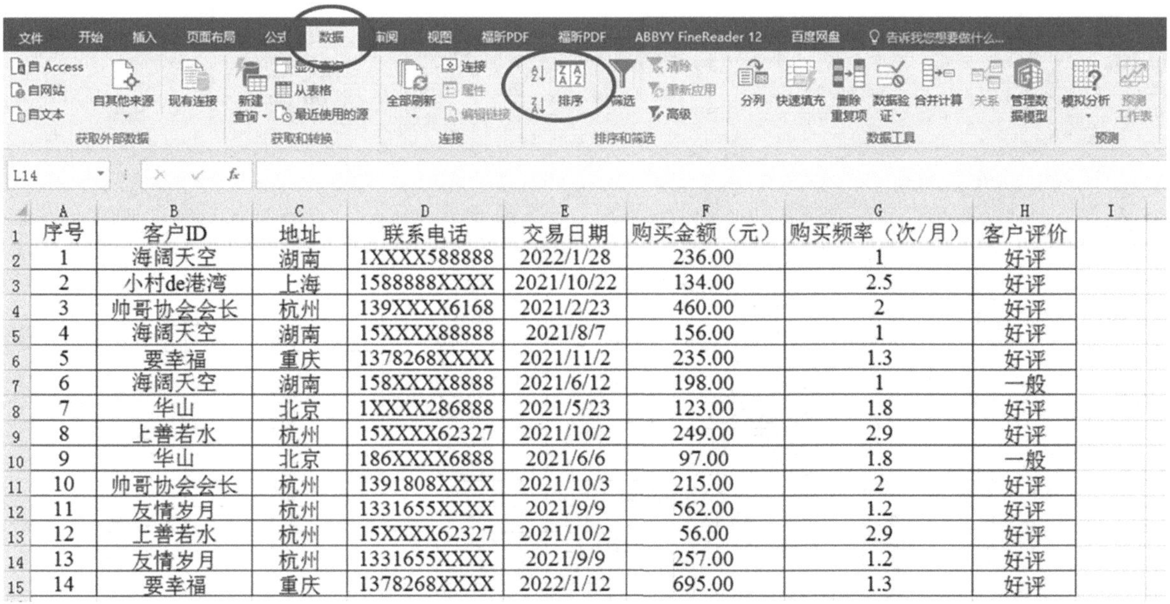

| 序号 | 客户ID | 地址 | 联系电话 | 交易日期 | 购买金额（元） | 购买频率（次/月） | 客户评价 |
|---|---|---|---|---|---|---|---|
| 1 | 海阔天空 | 湖南 | 1XXXX588888 | 2022/1/28 | 236.00 | 1 | 好评 |
| 2 | 小村de港湾 | 上海 | 1588888XXXX | 2021/10/22 | 134.00 | 2.5 | 好评 |
| 3 | 帅哥协会会长 | 杭州 | 139XXXX6168 | 2021/2/23 | 460.00 | 2 | 好评 |
| 4 | 海阔天空 | 湖南 | 15XXXX88888 | 2021/8/7 | 156.00 | 1 | 好评 |
| 5 | 要幸福 | 重庆 | 1378268XXXX | 2021/11/2 | 235.00 | 1.3 | 好评 |
| 6 | 海阔天空 | 湖南 | 158XXXX8888 | 2021/6/12 | 198.00 | 1 | 一般 |
| 7 | 华山 | 北京 | 1XXXX286888 | 2021/5/23 | 123.00 | 1.8 | 好评 |
| 8 | 上善若水 | 杭州 | 15XXXX62327 | 2021/10/2 | 249.00 | 2.9 | 好评 |
| 9 | 华山 | 北京 | 186XXXX6888 | 2021/6/6 | 97.00 | 1.8 | 一般 |
| 10 | 帅哥协会会长 | 杭州 | 1391808XXXX | 2021/10/3 | 215.00 | 2 | 好评 |
| 11 | 友情岁月 | 杭州 | 1331655XXXX | 2021/9/9 | 562.00 | 1.2 | 好评 |
| 12 | 上善若水 | 杭州 | 15XXXX62327 | 2021/10/2 | 56.00 | 2.9 | 好评 |
| 13 | 友情岁月 | 杭州 | 1331655XXXX | 2021/9/9 | 257.00 | 1.2 | 好评 |
| 14 | 要幸福 | 重庆 | 1378268XXXX | 2022/1/12 | 695.00 | 1.3 | 好评 |

图 6-2

②选中排序的单元格区域，打开“排序”对话框，在“主要关键字”下拉列表中选择“客户 ID”选项，然后单击“确定”按钮，如图 6-3 所示。

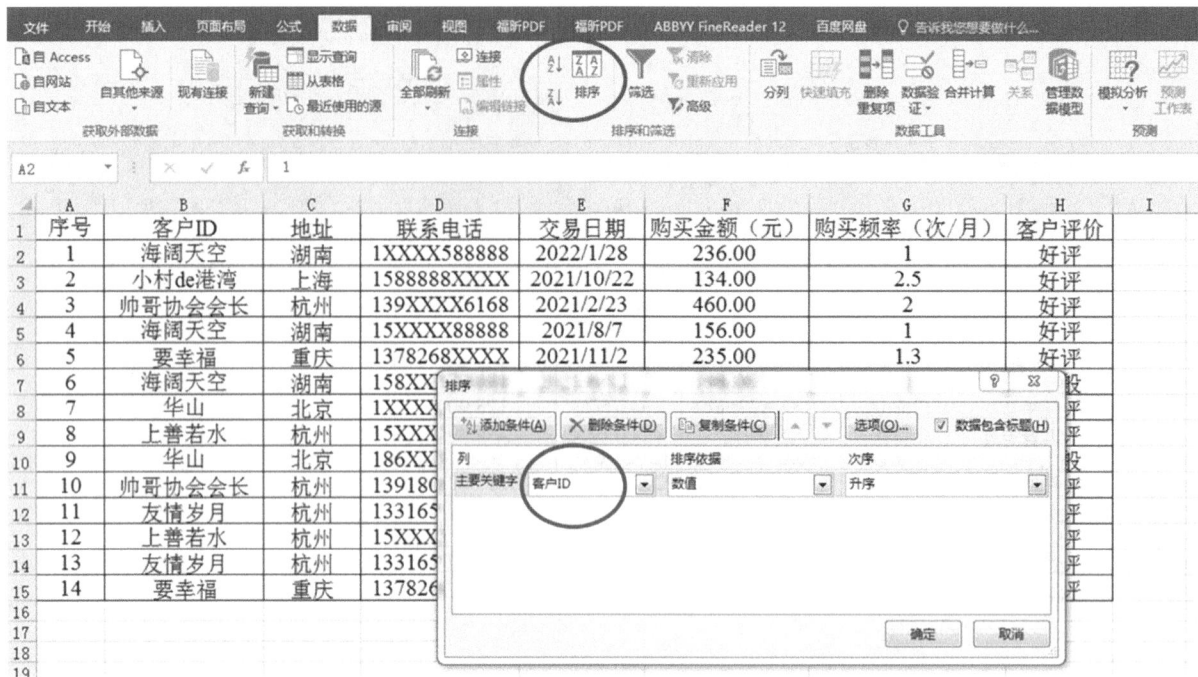

图 6-3

③此时，表格中的内容已经按照"客户 ID"的顺序完成排序，如图 6-4 所示。

图 6-4

（2）根据所要统计的项目，对客户购买信息进行分类汇总。

①单击"数据"选项中的"分类汇总"按钮，如图 6-5 所示。

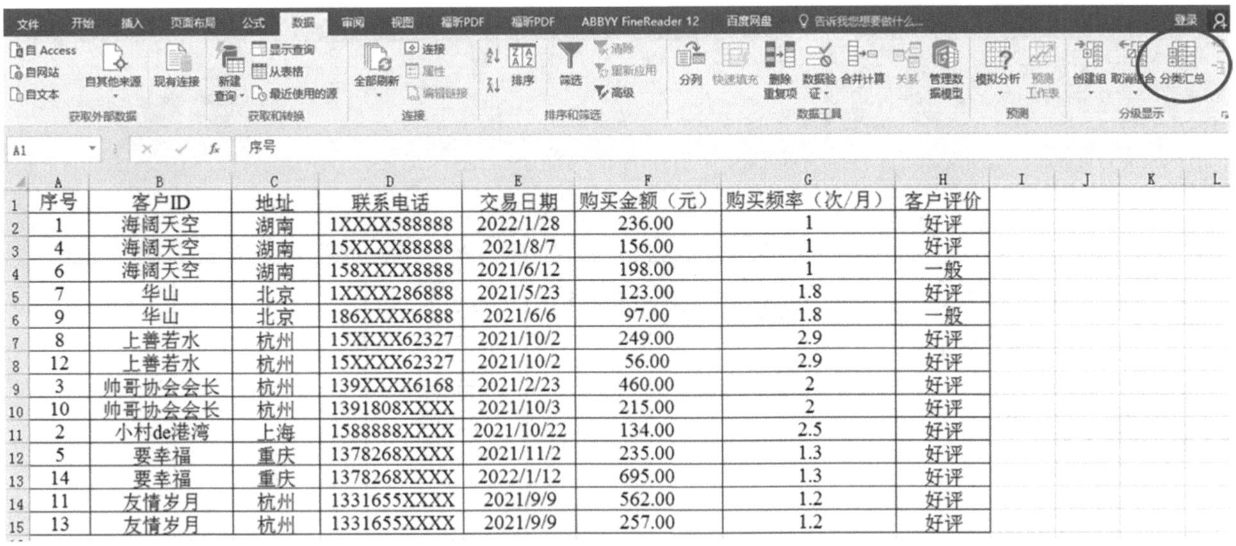


| 序号 | 客户ID | 地址 | 联系电话 | 交易日期 | 购买金额（元） | 购买频率（次/月） | 客户评价 |
|---|---|---|---|---|---|---|---|
| 1 | 海阔天空 | 湖南 | 1XXXX588888 | 2022/1/28 | 236.00 | 1 | 好评 |
| 4 | 海阔天空 | 湖南 | 15XXXX88888 | 2021/8/7 | 156.00 | 1 | 好评 |
| 6 | 海阔天空 | 湖南 | 158XXXX8888 | 2021/6/12 | 198.00 | 1 | 一般 |
| 7 | 华山 | 北京 | 1XXXX286888 | 2021/5/23 | 123.00 | 1.8 | 好评 |
| 9 | 华山 | 北京 | 186XXXX6888 | 2021/6/6 | 97.00 | 1.8 | 一般 |
| 8 | 上善若水 | 杭州 | 15XXXX62327 | 2021/10/2 | 249.00 | 2.9 | 好评 |
| 12 | 上善若水 | 杭州 | 15XXXX62327 | 2021/10/2 | 56.00 | 2.9 | 好评 |
| 3 | 帅哥协会会长 | 杭州 | 139XXXX6168 | 2021/2/23 | 460.00 | 2 | 好评 |
| 10 | 帅哥协会会长 | 杭州 | 1391808XXXX | 2021/10/3 | 215.00 | 2 | 好评 |
| 2 | 小村de港湾 | 上海 | 1588888XXXX | 2021/10/22 | 134.00 | 2.5 | 好评 |
| 5 | 要幸福 | 重庆 | 1378268XXXX | 2021/11/2 | 235.00 | 1.3 | 好评 |
| 14 | 要幸福 | 重庆 | 1378268XXXX | 2022/1/12 | 695.00 | 1.3 | 好评 |
| 11 | 友情岁月 | 杭州 | 1331655XXXX | 2021/9/9 | 562.00 | 1.2 | 好评 |
| 13 | 友情岁月 | 杭州 | 1331655XXXX | 2021/9/9 | 257.00 | 1.2 | 好评 |

图 6-5

②打开“分类汇总”对话框，在分类字段下拉列表中选择要进行分类汇总的列标题“客户 ID”，在汇总方式下拉列表中选择“求和”，在选定汇总项下拉列表中选择“购买金额（元）”，然后单击“确定”按钮，如图 6-6 所示。

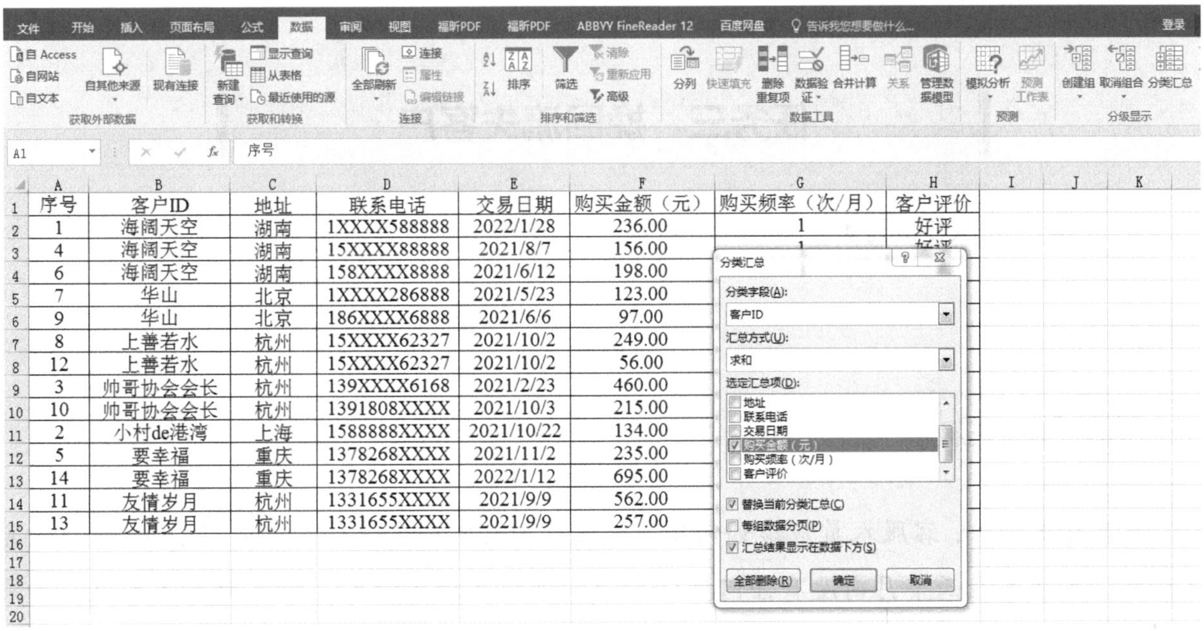


| 序号 | 客户ID | 地址 | 联系电话 | 交易日期 | 购买金额（元） | 购买频率（次/月） | 客户评价 |
|---|---|---|---|---|---|---|---|
| 1 | 海阔天空 | 湖南 | 1XXXX588888 | 2022/1/28 | 236.00 | 1 | 好评 |
| 4 | 海阔天空 | 湖南 | 15XXXX88888 | 2021/8/7 | 156.00 | | |
| 6 | 海阔天空 | 湖南 | 158XXXX8888 | 2021/6/12 | 198.00 | | |
| 7 | 华山 | 北京 | 1XXXX286888 | 2021/5/23 | 123.00 | | |
| 9 | 华山 | 北京 | 186XXXX6888 | 2021/6/6 | 97.00 | | |
| 8 | 上善若水 | 杭州 | 15XXXX62327 | 2021/10/2 | 249.00 | | |
| 12 | 上善若水 | 杭州 | 15XXXX62327 | 2021/10/2 | 56.00 | | |
| 3 | 帅哥协会会长 | 杭州 | 139XXXX6168 | 2021/2/23 | 460.00 | | |
| 10 | 帅哥协会会长 | 杭州 | 1391808XXXX | 2021/10/3 | 215.00 | | |
| 2 | 小村de港湾 | 上海 | 1588888XXXX | 2021/10/22 | 134.00 | | |
| 5 | 要幸福 | 重庆 | 1378268XXXX | 2021/11/2 | 235.00 | | |
| 14 | 要幸福 | 重庆 | 1378268XXXX | 2022/1/12 | 695.00 | | |
| 11 | 友情岁月 | 杭州 | 1331655XXXX | 2021/9/9 | 562.00 | | |
| 13 | 友情岁月 | 杭州 | 1331655XXXX | 2021/9/9 | 257.00 | | |

图 6-6

③此时，表格中已经按照客户 ID 分类合计客户的购买金额，如图 6-7 所示。

图 6-7

---

# 任务三 挽回流失客户

## 一、客户流失的原因

**知识拓展**

在实际工作中，客服人员应该如何界定流失客户呢？一般来讲，对使用 QQ、微信的客户来说，如果其在两个月内没有任何操作行为，则被认为已流失；对电商产品来说，如果客户在半年到一年内没有打开 App（光顾官网），则可认为客户已流失。

### 1. 服务渠道不畅

这是网店客户流失的重要原因之一。很多客户在某网店只有过一次购物，很多网店的客服人员在跳槽时，会带走大量的客户，这些都会导致服务渠道不畅。老客户的流失，带来的是竞争对手市场份额的增加。

### 2. 客户服务水平低下

客服人员在售前不了解客户的需求，在售中没能有效地应答客户的咨询，在售后没有或很少与客户沟通，这些都会导致服务效率低、客户购物体验差。

根据对网店客服岗位的调查，服务水平与客户忠诚度存在正相关的关系。而服务质量与客户的感受相关，可以说是一个主观的范畴，它取决于客户对服务的预期质量同实际感受的服务水平的对比。

网店客服人员的工作包括从售前解决客户购买疑问到售后服务的整个过程。在这个过程中，网店客服人员需要对每一个问题进行耐心的回答。因此客服人员必须经过严格培训，对商品的每一个细节都要全面掌握。不能夸大商品优势，否则会使得客户对商品的预期目标过高。如果在此期间客服人员因为客户的问题过多或者要求过高而产生不耐烦的态度，便会让客户产生抵触心理，进而造成不必要的流失。

此外，在商品销售成功后，如果客户收到的商品与预期的不相符，或者因为包装出现差错而询问商家，客服人员也要耐心地解决问题。对于客户的无理要求，客服人员必须以正确的方式解决，否则会使客户不满意，导致客户流失。

**客服典例**

> 李先生家使用的电器都是某品牌的电器，很少出现故障。不料前几天冰箱出了故障。李先生给商家打售后电话反映情况，但是商家的客服人员与维修人员相互推诿，一来二去，耽误了时间，问题也没得到解决。最后李先生一气之下决定再也不购买该品牌的家用电器了。

### 3. 商品不具备竞争力

好的商品才能吸引更多的客户。当前，市场竞争日趋激烈，商品的性价比是商品价值与价格之比。客户首先要对比商品的价值，包括商品的质量、做工、包装等；其次要对比商品的价格。在商品质量相同的情况下，客户往往会选择价位低的商品，如果网店商品的质量跟不上，或者新货更新不及时，商品缺乏创新，满足不了客户的更高需求，那么网店就缺乏竞争力。因此，网店的货源选取尤为重要，好的货源是网店成功的一半。

#### 4．网络营销手段缺乏吸引力

在竞争日趋激烈的互联网时代，只有跟上时代的发展步伐，网店才能在千军万马的竞争中脱颖而出。假如一家网店从开店到关店一直遵循着固有的营销模式，将会对客户失去刺激作用，进而降低客户的忠诚度，难以长期留住客户。一旦有竞争对手采取新颖的营销手段，客户就会选择其他网店。因此，网店应该适时地推陈出新，采取新颖的营销手段去吸引客户，进而长期留住客户。

#### 5．缺乏诚信意识

从经济运行成本来看，诚信最有效率。诚信是社会人际关系的共同规范和行为准则，目的是维护社会的有序运转。网店的诚信起着树立良好的网店形象、提高网店信誉度的作用，有助于店铺扩大销售，实现利润增长。

在网店经营过程中，假如客服人员向客户承诺不切实际的条件，导致客户对商品的预期过高，而店铺又不能及时兑现，导致诚信出现问题，此时客户往往会选择离开。

#### 6．自然流失

随着年龄的增长或经济状况等因素的改变，客户自身不再适合本商品或服务的定位，那么其就会做出转移需求或改变消费习惯的举动。

### 二、挽回流失客户的措施

#### 1．为客户提供高质量服务

每个网店都在积极提供高质量的服务来留住客户。随着产品技术的日趋同质化，服务逐渐成为影响市场份额的关键因素。因此，网店在为客户提供服务时，应该考虑的最基本要素就是客户的感受和期望。网店通过提供适销对路的商品与细致入微的服务来满足客户的需求，最大限度地使客户由不满意变为满意，由不信任变为信任，最终挽回客户。

#### 2．不断进行创新

客服工作创新包括技术创新、服务创新、管理创新、模式创新等。比如，技术创新可以在满足多渠道沟通的前提下，利用客服系统高效地保持网店与客户的良性沟通、信息推送，以及后端数据管理，提升客户转化率，增强客户黏性。客户服务应该以客户喜欢的方式进行，利用客户的碎片化时间来实现。在客户服务层面，无论网店如何创新，都应该毫不犹豫地把目标聚焦于提升客户的体验。

#### 3．加强与客户的沟通联系

通过与客户的信息传递，弄清客户流失的原因，网店就可以获得大量珍贵的信息，发现经营管理中存在的问题，进而采取必要的改进措施，尽力挽回客户。相反，如果没有找到客户流失的原因，或者需要很长时间才能找到客户流失的原因，网店就不能采取有效措施加以防范，这些原因就会导致更多的现有客户流失。

### 4．对症下药，针对不同的情况采取不同的措施

初次进店购物的客户在购物结束后可能会忘记店铺的名称，客服人员可以赠给他们一些有意思的小礼品，帮助他们记住店铺；也可采用"收藏有礼"等形式，让这些客户记住店铺；还可以采用客户关怀的模式，如通过短信、电话送上生日祝福、EDM 关怀等，让其记住店铺。

对于自认为不再适合商品或服务的定位而转向其他店铺的客户，客服人员应通过定期客户调研和行业研究，不断地调整商品线，满足客户的新鲜感；或采用一些类似于"早买早优惠"的策略推广新品，抢占客户。

为了避免价格问题造成客户流失，网店可以采用如下策略。

（1）把商品划分为引流商品、盈利商品、边缘商品和潜力商品。其中，引流商品是针对主类目、全网客户需求设计的商品；盈利商品是针对主力客户群体设计的商品；边缘商品是销量不好，并且关联度不高、老客户黏性弱的商品；潜力商品是有可能成长为盈利商品、引流商品的商品。

（2）引流商品和边缘商品主要用于各种促销活动，并优先通知流失客户，挽回其中对价格敏感的客户，尤其是只有过一次购物活动的客户。

（3）利润商品尽量少打折，用于建立稳固的回头客体系，防止购买过两次及两次以上的回头客流失。

（4）对于不同的细分客户，采用不同的商品关联销售策略，挽回可能要流失的客户。商品关联销售策略不仅能提高客单价和店铺整体的转化率，还能让客户在店铺内有更多的选择，有效防控客户流向其他店铺。

**知识拓展**

在资源有限的情况下，网店应该根据客户的重要程度来分配挽回客户的资源，挽回的重点应该是那些利润最高的流失客户，这样才能实现挽回效益的最大化。

1．对流失的"VIP 客户"要极力挽回

VIP 客户是能给企业带来较大价值的客户，在被挽回后也将给企业带来较大的价值，因

此 VIP 客户的挽回是挽回工作的重中之重，网店要不遗余力地在第一时间将这些客户挽回。

2. 对流失的普通客户要尽力挽回

普通客户的重要性仅次于 VIP 客户。他们有升级为 VIP 客户的可能，因此要尽力挽回，使其继续为网店创造价值。

3. 对"小客户"的流失见机行事

小客户数量多且零散，相对价值低，对其投入的资源和收到的回报不成正比，因此对这类客户的挽回要顺其自然。

4. 毫无挽留价值的客户要果断放弃

（1）不能为网店带来利润的客户；

（2）无理取闹、损害网店员工利益的客户；

（3）需要超过了网店资源所能承受的限度、妨碍网店向其他客户提供服务的客户；

（4）声望太差的客户，与之建立业务关系会影响网店的形象和声誉。

## 项目检测

### 一、选择题

1. 以一天为标准，客户回访的最佳时间是在（　　）。

    A．8:30～10:00　　　　　　　　　B．10:00～11:00

    C．15:00～17:00　　　　　　　　　D．17:00 至晚间

2. 客服人员晓阳在回访客户时说："亲，您是我们店铺的老客户，也是我们店铺的 VIP 客户。对于我们的商品和服务质量，您最有发言权。"晓阳运用的沟通技巧是（　　）。

    A．注意回访的礼仪　　　　　　　B．强调对客户的重视

    C．拉近与客户的距离　　　　　　D．注意话术规范

3. 客户敏赫个性内敛，老成持重，做事总是三思而后行。针对敏赫这类客户，客服人员应该（　　）。

    A．给客户足够的思考时间

    B．在客户兴致正高时引入回访的主题，使沟通围绕回访主题而展开

    C．使用明快、直白且有感染力的语言，营造和谐的沟通氛围

    D．要给予客户充分的表达机会，切不可在客户兴致盎然时贸然制止

4. 鑫鑫集团对客户的消费行为和生活方式等信息进行收集和分析，进而掌握客户的消费决策过程。鑫鑫集团收集的客户信息的类型是（　　　）。

    A. 描述类信息

    B. 行为类信息

    C. 关联类信息

    D. 基本属性类信息

5. 客户的联系方式、地理位置信息等属于（　　　）。

    A. 描述类信息

    B. 行为类信息

    C. 关联类信息

    D. 基本属性类信息

6. 客服人员小宇将客户对商品或服务的满意度、对企业促销活动的参与程度等信息进行详细的分类整理。在此，小宇整理的客户信息属于（　　　）。

    A. 客户基础资料　　B. 客户交易信息　　C. 购物信息　　D. 客户反馈信息

7. 获取客户信息的途径有很多种，但是不包括（　　　）。

    A. 阿里旺旺

    B. 网店后台

    C. 千牛工作平台

    D. Microsoft Excel 软件

8. 商品可以划分为引流商品、盈利商品、边缘商品和潜力商品。其中边缘商品是（　　　）。

    A. 针对主类目、全网客户需求设计的商品

    B. 针对主力客户群体设计的商品

    C. 销量不好，并且关联度不高、老客户黏性差的商品

    D. 有可能成长为盈利商品、引流商品的商品

9. 客户分析的核心目标是获取（　　　）。

    A. 描述类信息

    B. 行为类信息

    C. 关联类信息

    D. 基本属性类信息

10. 刘先生是店铺的老客户，每次购物，总是与客服人员辩论一番，而且很难接受客服人员的意见。刘先生属于（　　　）客户。

    A. 情感冲动型　　B. 吹毛求疵型　　C. 沉默寡言型　　D. 喋喋不休型

## 二、简答题

1. 回访客户的目的有哪些？

2. 客户信息管理应遵循哪些原则？

3. 造成客户流失的原因有哪些？

## 三、实训题

根据所学知识，将表 6-3 的内容填写完整。

表 6-3

| 客户信息类型 | 客户信息描述 |
| --- | --- |
| 描述类信息 | 王先生是一名事业单位的财务人员，年收入大约 10 万元 |
| | 李女士喜欢购买名牌时装，也会给家人购买高档服装产品 |
| | 张女士在政府部门工作，平时只有在双休日才有空闲时间购物 |
| | 小慧喜欢在网上搜索各种漂亮、时尚的东西来装饰新房，特别重视装饰物的格调、颜色 |
| | 某高端品牌手包款式新颖，时尚潮流，虽然价格昂贵，但刘女士一直是这个品牌手包的忠实客户 |

**客服新媒**

### 如何维护好客户关系提升回购率

在每年"双 11"大促后，流量有所下降是很正常的事，毕竟消费高峰一过，流量必然开始下滑。但大促期间有许多首次下单的客户，商家如何去维护客户关系，让其转化成未来的老客户呢？

### 一切从实际出发

大促期间，为冲销量高峰，很多商家都铆足了劲进行推广，难免对商品宣传有一些夸大成分。这个时候如果商家没有过分用词，客户在收到商品后可能只有一点点的失落感，毕竟"双 11"主要是疯狂"剁手"，理性消费的成分有限，对商品的品质期待值会小幅下降。

但一旦发生售后退货或相关纠纷，商家一定不要推脱，请求客户理解，并且真诚地解决问题。因为在大促期间，新增不少客户，树立良好的态度、维护关系是非常重要的。

例如，一位客户购买了一件衣服，尺码比想象的大许多（问题或出于商家描述不准）。此时，商家可协商换货或者及时处理客户退货。不管成交与否，商家都要尽可能地树立一个可信赖的形象。当然物流紧张是事实，商家可多与客户沟通，寻找最佳解决方案。

### 赠品加持

小而美的赠品最容易让客户产生惊喜感与满足感，这也是商家提升评分的一大窍门。尤其在大促期间，利用赠品做推广是很好的机会。例如，美妆商品在赠送试用装提升客户购物体验的同时，还间接地打了广告。好的商品自然会有回购。

商家需注意赠品也是成本的一种输出，所以赠品也要实现利益最大化，即赠品要么能让客户感受到商家的用心（如买鞋子赠鞋带或鞋垫），要么能实现推广的价值（如买洗浴用品赠其他款的试用装）。

## 极速快递

客户在下单后就会开始期待快递的到来。在大促期间，物流尤其紧张，提升物流速度的方法如下：一是快速出单，立即打包发货；二是找服务较好的物流企业合作。这样客户在收到快速到达的包裹时，会感觉自己受到了商家的偏爱。

其实要做到快速发货，前期准备和人员安排一定要做好，这样当大量订单来的时候物流人员才能有条不紊地进行配送。

## 用心的包装

好的包装首先可以防止商品因快件过多而被挤压变形，其次可以让客户感受到商家的用心。快递包装是客户接触到商品的第一面，也是客户对商家形成第一现实印象的开始。在大促期间许多客户是首次下单，好的印象是后期维护客户关系的根基。

现在很多商家使用共享快递盒，商家在尝试新的配送方式时，一定要注重客户的反馈，不要跟风，但要尽可能地环保和降低成本。

# 项目 7

# 走近智能客服

智能客服是指用软件代替部分人工执行客服的任务,是解决客户问题的重要手段。随着人工智能技术的进步,以及语音识别、自然语言处理等技术的成熟,智能客服能及时、准确地解决客户在购物中遇到的问题,工作效率高,为商家节省大量的人工客服成本,越来越受到商家的欢迎。因此,作为一名优秀的客服人员,掌握智能客服的工作原理,学会运用智能客服系统是必不可少的能力。

## 学习目标

- 素质目标

1. 感受"数字中国"建设成就,增强民族自豪感;

2. 牢固树立乐于奉献、客户至上、服务社会的责任意识;

3. 努力践行与时俱进的学习精神和精益求精的工匠精神。

- 知识目标

1. 了解智能客服的必要性;

2. 掌握智能客服的工作原理;

3. 掌握智能客服的应用场景;

4. 掌握智能客服系统的使用方法和技巧。

- 能力目标

1. 能够复述智能客服工作流程图及原理;

2. 能够识别不同场景中的智能客服的类型;

3. 能够选择并运用智能客服系统解决实际问题。

案例导入

### 客户在哪，服务就在哪

　　现在的智能客服越来越人性化，仿佛成了特别懂你的老朋友，让你经常忘记自己一直在和一个机器人对话。以"快商通"智能客服系统为例，当你访问"快商通"网页版时，智能客服会不间断地与你沟通。

　　它让你持续感受到被关注和关心，并拥有良好的服务体验。先进的智能客服系统更是能支持全媒体全渠道接入，一站式处理全渠道消息，把微信、QQ、网页、快手等平台的信息接入同一个客服后台统一处理，真正做到了"客户在哪，服务就在哪"。

案例思考

　　在以上案例中，智能客服有何特点？你在生活中是否也遇到过智能客服？你认为智能客服能帮你解决问题吗？为什么？

## 任务一　认识智能客服

　　随着电子商务交易规模与客户数量的持续增长，电子商务的发展重心逐渐演变为"以客户为中心"，而未来电商的本质就是"客户体验"。智能客服正好满足电商发展的这一需求。什么是智能客服呢？智能客服就是用语音或文字与客户就业务需求问题展开自动对话交流的计算机系统。智能客服的主要功能是与客户进行自动的、全渠道的沟通并解答客户有关商品或服务的问题，以达到降低商家客服运营成本、提升客户体验的目的。许多商家都使用智能客服解决客户遇到的基本的、简单的问题，而当遇到特别复杂的问题时，智能客服需要与人工客服合作解决，如图 7-1 所示。

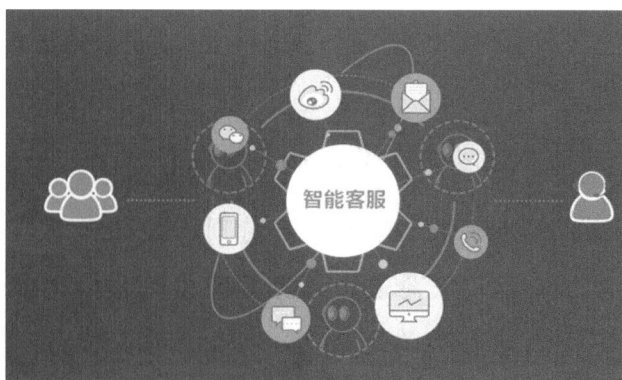

图 7-1

## 一、智能客服的发展历史

### 1. 智能客服机器人的发展阶段

智能客服机器人的发展主要经历了 4 个发展阶段，如图 7-2 所示。

第 1 阶段：依托单个关键词进行匹配；

第 2 阶段：依靠多个关键词匹配，具备了一定的模糊查询的功能；

第 3 阶段：进行关键词匹配，并具备了一定的搜索技术；

第 4 阶段：依托神经网络技术，具备了深度学习的能力，可以理解客户的意图，最终解决客户的问题。

图 7-2

### 2. 智能客服训练模型的发展阶段

智能客服训练模型也经历了一个不断学习和成长的过程，才发展到现在智能化程度较高的阶段。智能客服训练模型在使用过程中，经过 AI 算法工程师的不断训练，才逐渐完善起来，前后经历了 3 个发展阶段。

（1）初期阶段。该阶段的智能客服训练模型具备如下特点：

① 缺少训练的语料，没有大量的语料来源；

② 语料审核的标准不规范，会审核大量重复的语料；

③ 无法构建完善、标准的知识库；

④ 在训练前期选择用怎样的模型很难确定，没有参考；

⑤ 模型优化困难，不知道怎么调优模型。

（2）中期阶段。该阶段的智能客服训练模型具备如下特点：

① 知识库中未审核的问句增多，数据和模型需要快速迭代；

② 初期审核的问句存在错误数据，影响解析正确率的提升；

③ 新知识增多，库中的知识点覆盖不全，满足不了客户的需求；

④ 需要依靠大量的人工审核，流程没有标准化。

（3）后期阶段。该阶段的智能客服训练模型具备如下特点：

① FAQ 的量减少，正确率提升遇到瓶颈；

② 需要制定闭环的模型训练流程，减少人工参与模型训练流程。

知识拓展

### 人工智能无所不能，原来都是他们教的——人工智能训练师

人工智能训练师，即 AI 训练师，其职责范围可概括为通过数据端的整理归纳和分析优化，训练机器模型，使人工智能越变越"聪明"。具体说来，人工智能训练师需要解读业务知识和需求，明确 AI 的应用场景，根据不同的技术实现逻辑提供相应的结构化数据。2020 年 3 月，人工智能训练师被中华人民共和国人力资源和社会保障部正式纳入新职业。

以电商场景的智能客服为例，人工智能训练师必须先了解电商客服人员在售前、售中、售后等不同过程中经常处理的客户问题。然后，分析在这些问题中有哪些是适合自助端解决的，后续将其纳入机器人知识库。最后，需要根据机器人知识库中问题的脉络和预期的实现效果判断不同问题的技术实现方式。

这个职业中的大多数人来自客服组长、客户运营等岗位，他们此前从未接触过人工智能，现在却是支撑人工智能应用必不可少的一个群体，是人工智能背后的人工。虽然 AI 训练师直接面对的是新兴的人工智能技术，但从很多方面来看，这就是一个较为机械和枯燥的职业。AI 训练师从上班开始面对的只有一个东西——数据，他们要用大量的数据"喂养"像白纸一样的机器人，直到它们能听懂并回答客户的问题。

AI 训练师负责训练智能客服机器人，他们的工作包括收集不同行业的客户需求、提供数据标注原则、设计机器人对话逻辑等。这项工作很考验耐心，AI 训练师们需要把大

量的数据进行整合，慢慢地把数据量减下来，还要把数据量转化成有效的东西，这是一个很枯燥的过程。在实际问答过程中，客户的提问方式千奇百怪。某智能语音交互公司的 AI 训练师经常遇到"忘记密码"这一件事，客户可能会提出"我的密码丢了""不知道我的密码是什么"等问题，这就需要 AI 训练师将典型问题标准化，然后编写一些相似问题进行模型训练。

在收集完数据后，AI 训练师需要将数据灌入系统中，进行分解、聚类，再进行数据标注。数据标注是教人工智能系统认识某个句子的过程，标注内容包括意图、做分词等。比如，对于"我买的手机壳尺寸不对"这句话，AI 训练师会将之标注到"退换货"这个意图中。如果某个句子没有明确的意图，AI 训练师便会根据相关的业务知识和使用场景进行标注。

在数据标注完成后是对话流设计，当客户提出一个问题时，智能客服机器人需要准确识别其场景或意图，然后从知识库中搜索合适的回答或推送相关商品服务。如果说数据标注是让智能客服机器人学习知识，那么对话流设计就是让智能客服机器人学会运用知识。要想让智能客服机器人准确识别出某个意图，背后需要有强大的模型和足够的数据量，一般一个意图里面需要 50～100 个句子。

在对话流设计完成后是日常修复漏洞的工作。智能客服机器人只是 AI 训练师用一堆数据堆起来的，没有任何独立思考的能力。当客户问到知识库里未收录的问题、在问话时采用过多的修辞或方言口音过重时，智能客服机器人都没办法回答，这就需要 AI 训练师手动找到问题的答案。

## 二、智能客服的发展状况

随着互联网时代的到来，网络信息也呈现出实时化、共享化、个性化、大数据化等特点。人们使用的设备从传统的电脑、电视、电话转到为智能平板、智能手机、智能穿戴等。随着生活节奏的加快，人们对生活质量的要求越来越高，对服务效率和效果提出了更高的要求。是否能及时、准确地解决客户遇到的问题成为评价客服人员好坏的重要指标。然而面对数据化的信息，仅仅依靠传统的人工客服已经无法满足客户的需求。传统的人工客服存在大量的问题。

### 1. 客户问题重复率高，耗费大量人工成本

比如，客户打电话给移动通信公司，或者在网上购物、求医等咨询的问题大都是出现频率高的问题，客服人员需要反复回答，耗费大量的人工成本。

## 2．企业对人工客服投入的培训成本逐年增加

由于人工客服流失严重，加之培训需要投入大量成本，造成了企业的压力增大、转型升级困难。

## 3．人工客服的客户体验较差，服务满意度较低

比如，客户经常遇到人工客服忙，需要等待；夜间无人工客服，做不到 24 小时全天候的服务；一个人工客服在同一时间只能应对几个客户，分身乏术，造成回复客户不及时；人工客服还会受到情绪影响，导致服务质量参差不齐。诸多问题造成客户体验较差，服务满意度低。

## 4．人工客服收集数据困难，不能及时分析和反馈

在客户和人工客服对话的过程中，会产生大量有价值的数据，这些数据如果没有被及时利用，就会造成数据资源浪费，导致产品迭代困难，不利于企业发展。

随着人工智能、语音识别、自然语言处理等技术的成熟，智能客服很好地解决了传统人工客服所面临的问题。智能客服能 24 小时在线，可以同时解决不同客户的问题，工作效率极高，无法被传统人工客服替代，能为企业节省大量的人工成本。数据显示，目前智能客服的使用比例高达 98%以上；62%以上的客户通过智能客服进行通信类业务办理，通信行业是使用智能客服最多的行业；42%以上的客户使用智能客服进行电商购物；办理银行业务的客户使用智能客服的比例达 40%；在交通业务中有 36%以上的客户使用智能客服处理违章。智能客服已经深度融入人们的日常生活，如图 7-3 所示 。

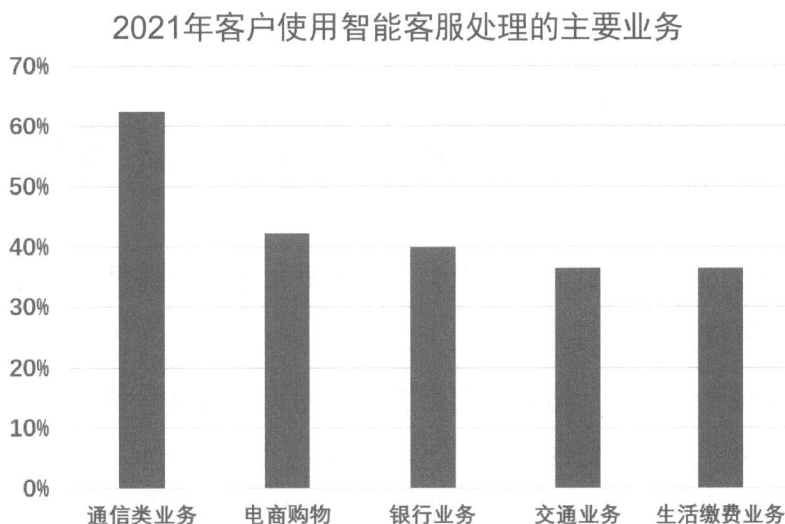

图 7-3

### 三、智能客服的优势

随着各企业对智能客服需求的不断增加，中国智能客服行业在 2020 年的销售额为 14.3 亿元，预计到 2023 年增至 29.2 亿元，如图 7-4 所示。

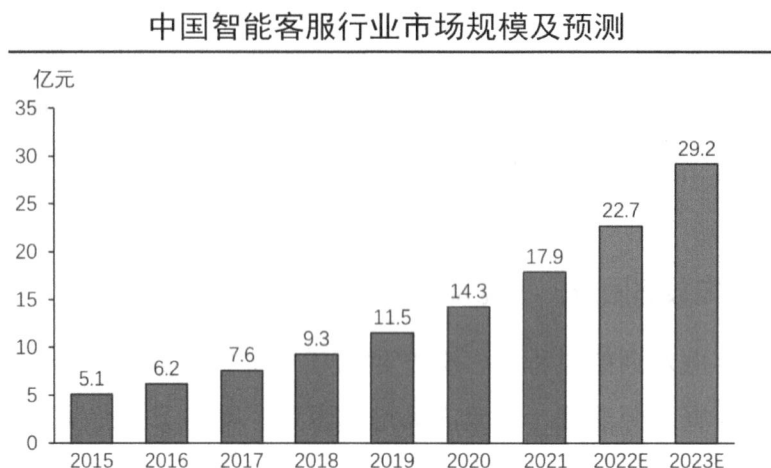

中国智能客服行业市场规模及预测

图 7-4

中国电商智能客服行业的市场规模在 2020 年达到 1 241 亿元，预计到 2023 年达到 1 929 亿元。可见目前智能客服的发展水平远远不能满足需求，因此很多大型服务企业正在不断研发更加智能化的客服系统。这种借助自然语言理解，依靠以语音识别技术为主的人工智能技术构建的智能客服，在工作中占有越来越重要的地位。智能客服究竟有哪些优势呢？

（1）智能客服可以提升服务效率，缩短咨询处理时间，分担传统人工客服的工作，节省服务成本（占人工成本的 10%）。

（2）智能客服可以提升客户体验，为企业的在线系统提供统一智能的自助服务，降低解决客户问题的难度和复杂度。

（3）智能客服可以及时收集客户需求和行为数据，为企业提供精细化管理的信息，辅助企业进行业务经营决策。

（4）智能客服具有全渠道一站式的管理能力，即支持通过语音、网页、短信等多种在线渠道与客户实现交互，高效整合网站、QQ、微信、电话、App、小程序等各类电子渠道的资源，提升了企业的客服效率，创新企业形象，提高核心竞争力。

如图 7-5 所示为医疗行业人工客服和智能客服的优缺点比较。

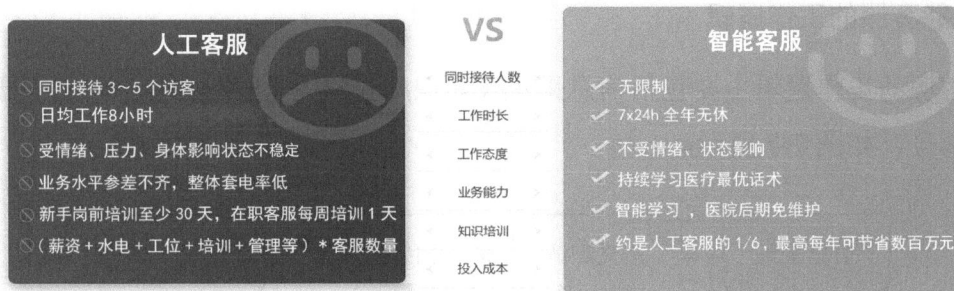

图 7-5

随着计算机信息技术和互联网技术的飞速发展，以及即时通信软件和智能手机的普遍应用，智能客服正逐渐向网络化、智能化、个性化的方向发展。

### 四、智能客服的工作原理

#### 1. 智能客服的工作流程

智能客服的功能远比我们想象的强大，它的使用可以贯穿企业经营的所有环节。如图 7-6 所示为智能客服的工作流程。

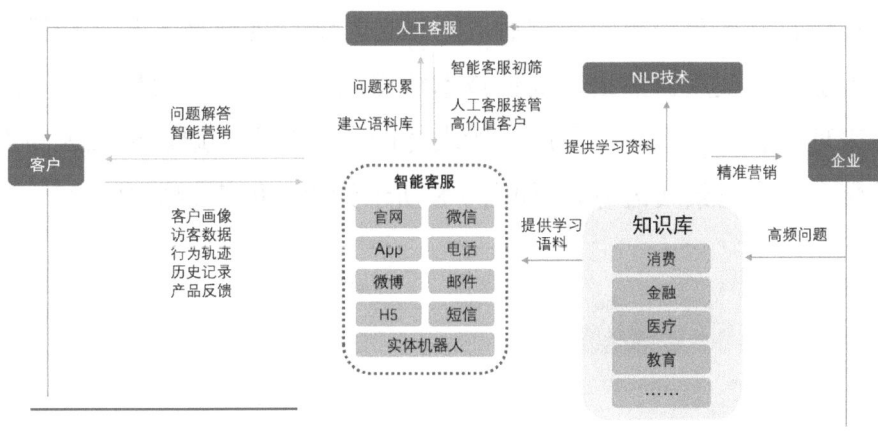

图 7-6

（1）客户描述自己遇到的问题（有文本输入和语音输入两种方式），客服系统会根据客户描述的问题，记录访客数据，进行客户画像、产品反馈等，并将问题送达智能客服。

（2）智能客服对问题进行初筛，根据知识库提供的学习语料进行解答，没有正确答案的问题，让人工客服接管。人工客服将问题进行积累，建立和充实语料库。

（3）企业通过对高频问题的整理，建立知识库。知识库根据人工智能 NLP 等技术，将文本通过模型解析，匹配给相似度最高的标准问句。

（4）最后把答案输出，展现给客户。

### 2. 智能客服的工作逻辑

智能客服的工作逻辑主要包括信息采集（知识库建设）、语义理解、问答匹配和深度学习这 4 个部分，如图 7-7 所示。

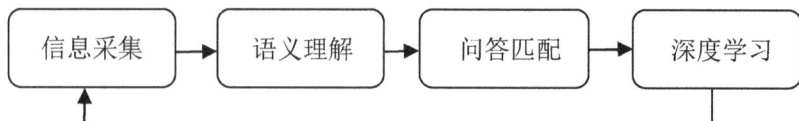

图 7-7

（1）信息采集。

预先准备大量与客户服务相关的问题和答案，并建立知识库。采集问答信息、搭建知识库是智能客服工作的基础。知识库中存储的信息越多，知识面越广，智能客服回答问题就越准确，客户问题的解决率就越高。知识库的问答信息可以通过手动录入，也可以直接导入，还可以用接口接入外部行业的相关信息。无论采用什么方式，都需要对问句做相似问法的扩充，一般一个标准问句需要添加数十个相似句，才能让智能客服正常使用。

（2）语义理解。

智能客服在接收到客户提出的问题后，通过自然语言处理技术和算法模型理解客户所表达的意思。智能客服使用自然语言处理技术和深度神经网络算法模型，通过分析整句话的结构和内容来理解客户的意思，了解其所表达的真正含义，通过模拟人的大脑来理解整句话的意思及整个交流场景（语境）。如图 7-8 所示为"问财"智能客服。

图 7-8

（3）问答匹配。

找出与问题匹配的最佳答案发送给客户。智能客服在正确理解客户提出的问题之后，首先会对比问答记录，再分别计算这些问答记录与客户提出的问题的相似度，从建设好的知识库中选择最匹配的答案进行回复。

（4）深度学习。

在完成一轮问答交互之后，智能客服通过自主学习技术对问答过程进行深度学习，自动扩充知识库的内容，提高下一次回答的准确率。

深度学习的概念源于对人工神经网络的研究，是机器学习中一种基于数据进行表征学习的方法。深度学习建立、模拟人脑进行分析学习的神经网络，通过模仿人脑的机制来解释数据。智能客服利用深度学习技术，通过与客户互动和对互联网数据的挖掘自动开展学习，完善自身的知识数据。随着时间的推移，智能客服将会变得越来越强大和智能。如图 7-9 所示为具有智慧学习功能的智能客服 App。

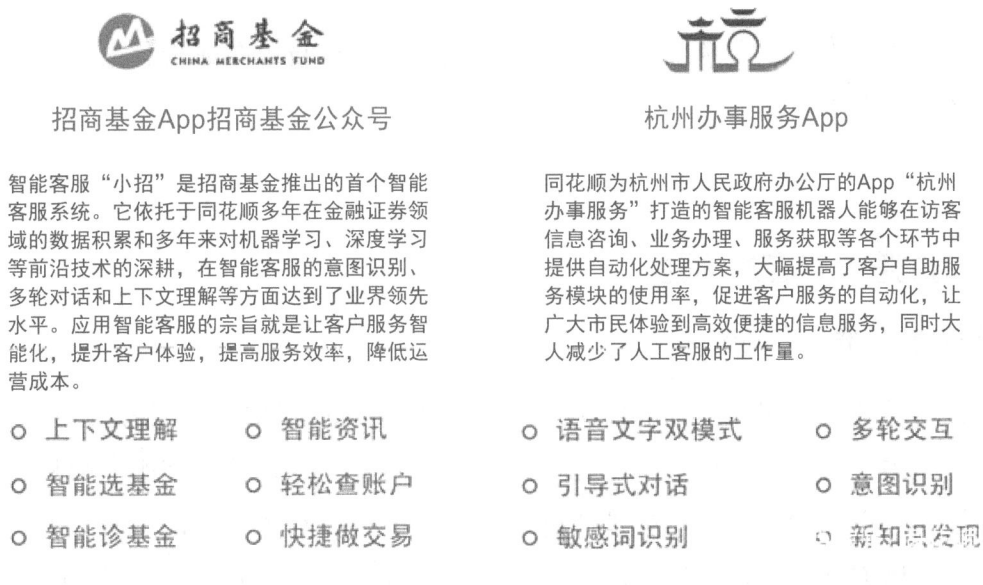

招商基金App招商基金公众号

智能客服"小招"是招商基金推出的首个智能客服系统。它依托于同花顺多年在金融证券领域的数据积累和多年来对机器学习、深度学习等前沿技术的深耕，在智能客服的意图识别、多轮对话和上下文理解等方面达到了业界领先水平。应用智能客服的宗旨就是让客户服务智能化，提升客户体验，提高服务效率，降低运营成本。

○ 上下文理解　　○ 智能资讯

○ 智能选基金　　○ 轻松查账户

○ 智能诊基金　　○ 快捷做交易

杭州办事服务App

同花顺为杭州市人民政府办公厅的App"杭州办事服务"打造的智能客服机器人能够在访客信息咨询、业务办理、服务获取等各个环节中提供自动化处理方案，大幅提高了客户自助服务模块的使用率，促进客户服务的自动化，让广大市民体验到高效便捷的信息服务，同时大大减少了人工客服的工作量。

○ 语音文字双模式　　○ 多轮交互

○ 引导式对话　　　　○ 意图识别

○ 敏感词识别　　　　○ 新知识发现

图 7-9

智能客服主要结合了自然语言处理、深度学习、人工神经网络等技术对问答功能做出了优化，在很大程度上提高了回答准确率。但在一些高客单价、强转化需求的场景下，智能客服的表现还不能达到预期效果。而在常规的售前咨询、售后服务中，智能客服能够帮助人工客服处理 80%以上的问题。

知识拓展

## 智能客服的类型及行业预期

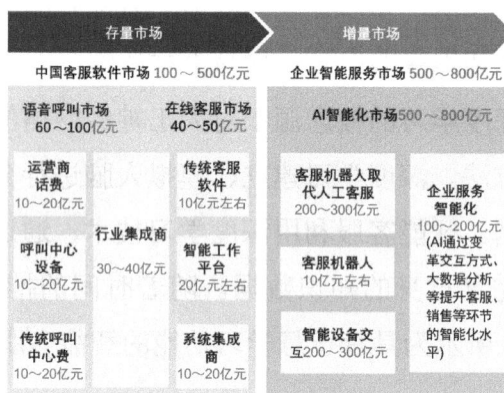

智能客服厂商众多，竞争激烈，而智能客服的市场规模逐年递增，未来智能客服领域将会出现几个头部企业。

## 五、智能客服存在的问题

### 1. 语音转写准确率问题

语音转写是智能客服最基础的模块，也是客户提出的问题能否被快速解决的关键。在语音转写过程中，会存在转写错字、多字、漏字的问题，导致智能客服在解析客户问题的时候出现错误。主要的解决方法就是通过语料训练语音识别的模型，对敏感的、易错的字着重训练，让模型具备一定的纠错功能，这样才能使其更好地服务于后面的语义解析。

### 2. 模型训练和数据准备问题

忽略语音转写的问题，语义解析的好坏主要跟模型和训练的数据有关。目前模型训练主要由机器的深度学习来完成，模型主要有卷积神经网络（CNN）和深度置信网络（DBN）。前者是一种监督学习下的机器学习模型，后者是一种无监督学习下的机器学习模型，不同的学习模型出来的结果也是不一样的。

再来看训练的数据，要保证训练的数据尽可能地都是良性数据。此外，训练数据的知识覆盖面越广，能解析的知识点就会越多。

### 3．客户问题描述存在上下文问题

客户对问题的描述如果存在上下文中的句子，就会影响解析的效果。如果客户对一个问题的描述不全，智能客服就不知道客户具体想要表达什么，解析的效果就会大打折扣。这时智能客服就需要配置上下文的服务，通过反问客户，来达到解决客户问题的效果。这里也可以延伸出利用知识图谱来完成对客户问题的解决。

### 4．个性化服务问题

不能提供个性化的服务，对不同用户的同一个问题给的都是同一个答案，缺少情感上的交流，客户体验有点儿生硬。另外，机器不能解决的问题还是需要人工客服来解决。无论是在服务效率上，还是在问题解决程度及使用体验上，客户普遍认为人工客服优于智能客服。其中，认为人工客服的问题解决程度优于智能客服的客户最多。人工客服与客户一对一地沟通，富有人情味，更直接方便，能够有效解决客户的问题，在客户心目中占有不可替代的地位。

智能客服在人们的生活中发挥着越来越重要的作用，它可以提高企业的工作效率，降低企业的人工成本。智能客服有着人工客服所达不到的方面，人工客服也有智能客服替代不了的部分。智能客服对一些复杂的问题处理不了，还是需要转接给人工客服解决。相信在未来几年里，随着算法技术、产品设计等方面不断地成熟，智能客服的交互能力、自动化学习能力将有重大突破，在智能交互中人们将感受不到机器和人的情感差别。

## 任务二　应用智能客服

目前，智能客服已经潜移默化地进入了我们生活的各个角落，逐渐改变着我们的生活方式。你都在哪些场所遇到过智能客服？

## 一、智能客服的分类

### 1．线上应用场景智能客服和线下应用场景智能客服

按照服务场景的不同，智能客服可以分为线上应用场景智能客服和线下应用场景智能客服。

（1）线上应用场景智能客服。

线上应用场景智能客服对来自微信公众号、小程序、App、官方网站等线上渠道的客户进行 24 小时智能接待，并开放 API 接口，与企业自身的业务系统连通，引导客户办理和查询相关业务，如图 7-10 所示。

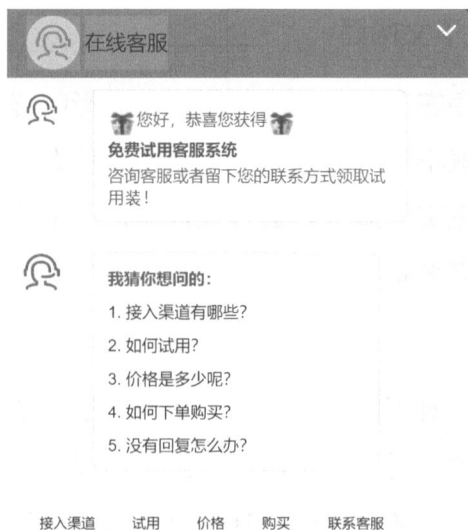

图 7-10

（2）线下应用场景智能客服。

结合语义识别、自然语言理解、人脸检测和识别等多种技术，线下应用场景智能客服可应用于接待、问询、服务等场景，如酒店、银行、政务大厅、大型商超等。

### 2. 营销型智能客服和服务型智能客服

根据服务内容的不同，智能客服可以分为营销型智能客服和服务型智能客服。

（1）营销型智能客服。

营销型智能客服又可划分为积极营销推广智能客服和大数据营销智能客服。前者能够策划浏览量营销推广，有益于提升客户转化率，进而促成交易；后者能够提供浏览量来源和过去的咨询记录等。

（2）服务型智能客服。

服务型智能客服能够进行售前服务咨询和售后服务解决，因此其在线客户服务水平影响着客户满意度的高低。客户满意度从服务的及时性、智能客服系统软件的稳定性、知识库系统的专业性、多平台接入的快捷性来衡量。

### 3. 问答型智能客服、任务型智能客服和闲聊型智能客服

按照服务形式的不同，智能客服可分为问答型智能客服、任务型智能客服、闲聊型智能客服等不同类型。

（1）问答型智能客服。

客户希望得到某个问题的答案，问答型智能客服以特定的答案回复客户，如图 7-11 所示。

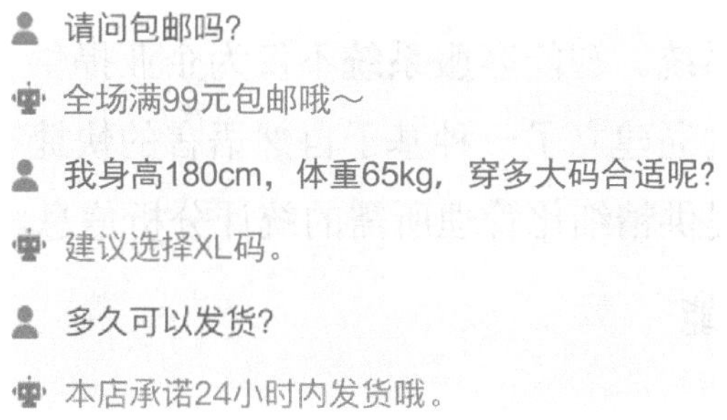

👤 请问包邮吗？

🤖 全场满99元包邮哦～

👤 我身高180cm，体重65kg，穿多大码合适呢？

🤖 建议选择XL码。

👤 多久可以发货？

🤖 本店承诺24小时内发货哦。

图 7-11

（2）任务型智能客服。

客户希望完成特定任务，任务型智能客服通过理解语义执行后台对接能力，帮客户完成指定任务，如图 7-12 所示。

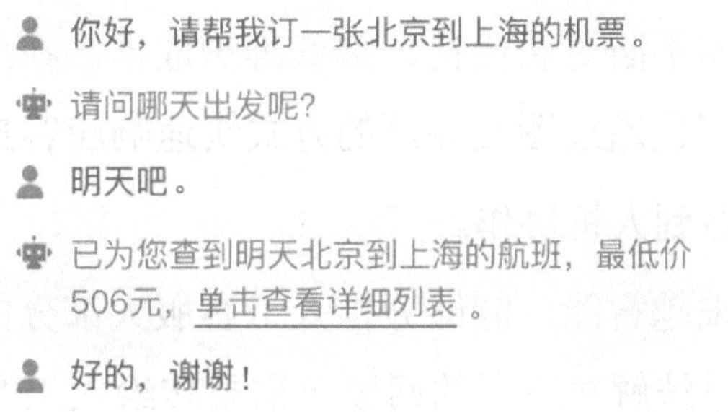

👤 你好，请帮我订一张北京到上海的机票。

🤖 请问哪天出发呢？

👤 明天吧。

🤖 已为您查到明天北京到上海的航班，最低价 506元，单击查看详细列表 。

👤 好的，谢谢！

图 7-12

（3）闲聊型智能客服。

客户没有明确目的，闲聊型智能客服也没有标准答案，以趣味性的内容回答客户，如图 7-13 所示。

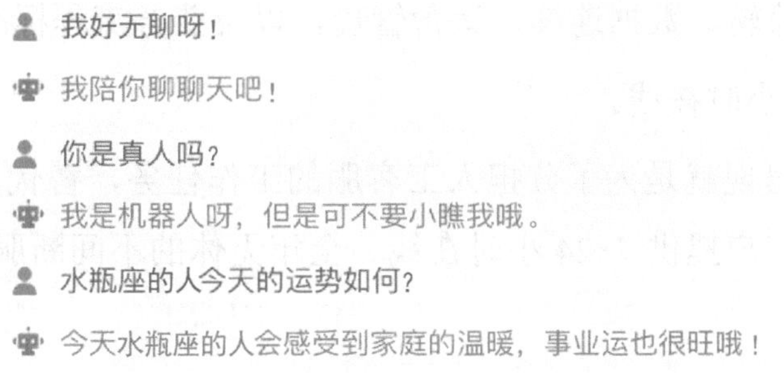

👤 我好无聊呀！

🤖 我陪你聊聊天吧！

👤 你是真人吗？

🤖 我是机器人呀，但是可不要小瞧我哦。

👤 水瓶座的人今天的运势如何？

🤖 今天水瓶座的人会感受到家庭的温暖，事业运也很旺哦！

图 7-13

## 二、运用智能客服系统

智能客服系统是在大规模知识处理的基础上发展起来的，依托自然语言理解、知识管理等技术的行业自动服务系统。智能客服系统不仅为企业提供了细粒度知识管理技术，还为企业与海量客户之间的沟通建立了一种基于自然语言的快捷有效的技术手段。同时，智能客服系统还能够为企业提供精细化管理所需的统计分析信息。

### 1. 智能客服系统的功能

（1）自然语言处理能力。

智能客服系统基于 NLP 技术，发展出了多场景化业务机器人的应用，根据不同业务同时存在的应用场景，分层、分组搭建知识库的架构，实现一"人"多用，不仅使得智能客服更加灵活、智能，而且大大提高了工作效率。

（2）利用智能学习能力自主完善知识库。

智能客服系统将访客日常的问题添加到知识库中，积累更多问题及其不同问法，以解决更复杂的问题，使知识库不断更新优化，降低维护成本。在此基础之上，智能客服能够将客户服务中 80% 的重复问题通过图文并茂的方式快速响应客户，实现标准化服务。

（3）实现会话转接，做到人机协作。

尽管智能客服系统越来越智能，能够分担人工客服大部分的工作，但目前其无法完全替代人工客服。智能客服系统解决不了的问题仍需要转给人工客服，以此提高服务品质。

（4）实现全渠道接入。

移动互联网的普及使得渠道入口多样化，App、微信、微博等成了人们主要使用的沟通方式，所以智能客服系统能够支持全渠道接入也是势在必行。

（5）拥有接口开放功能。

智能客服系统能与第三方业务应用系统（如 ERP 系统、CRM 系统、OA 系统等）相融合，方便企业的信息流转、数据连续、运营管理，以及业务流程标准化。

（6）实现客服 24 小时在线。

智能客服系统的出现就是为了分担人工客服的工作任务，替代人工客服提供正常工作时间之外的服务，为客户提供 7×24 小时在线、全年无休的不间断服务。

**知识拓展**

**SaaS（软件即服务）**

软件提供商为企业搭建信息化所需要的所有网络基础设施及软件、硬件运作平台，并负责前期的实施、后期的维护等一系列的工作。企业无须购买软硬件、建设机房、招聘IT人员，即可通过互联网使用信息系统。SaaS是一种软件布局模型，其应用专为网络交付设计，便于客户通过互联网托管、部署及接入。同时，SaaS也是一套集成系统，比较全面地集成了各行业的通用型功能。

## 2．如何选择智能客服系统

目前市场上的智能客服系统五花八门，可供选择的版本也非常多，在确定使用哪款智能客服系统前，我们需要经过多方对比再做出选择。

（1）考虑预算和需求。

在考虑预算和需求的基础上，对合适的智能客服系统进行试用和深入了解，最终确定要选购的智能客服系统。

（2）慎选免费系统。

免费的智能客服系统功能不全，也会有售后服务不配套、在系统维护方面响应不及时等问题，持续维护和优化困难。

（3）注意付费系统的安全性、稳定性。

尽量选择售后服务和技术支持都比较完善的大型客服系统品牌。

（4）优先选择售后服务完善的系统。

在选择智能客服系统时，需考虑商家是否有自己的技术团队，以及是否能做到后期的更新维护。因此，系统的成熟度和易用性是两个关键因素。

## 3．应用智能客服系统

网店如何应用智能客服系统呢？以千牛智能客服系统为例，其应用共分7步。

第1步：登录淘宝官网，单击"卖家中心"，下载并登录千牛软件。如图7-14所示为千牛登录页面。

图 7-14

第 2 步：单击客户服务模块中的"阿里店小蜜"，如图 7-15 所示。

图 7-15

第 3 步：解锁机器人，开启自动接待能力、营销增收能力，配置店铺高频问题。如图 7-16 所示为解锁机器人页面。

图 7-16

第 4 步：配置优化小助手，设置营销增收等模块，优化高频问题，如图 7-17 所示。

图 7-17

第 5 步：选择适合的工作台模式，如图 7-18 所示。

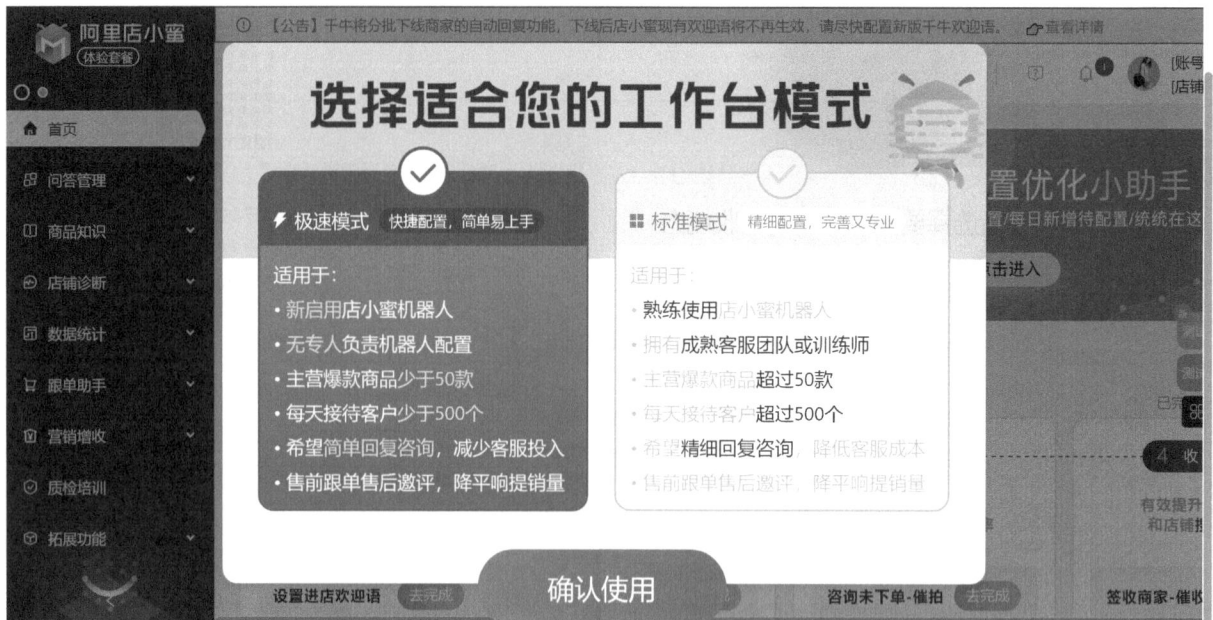

图 7-18

第 6 步：重启千牛，激活"店小蜜"，如图 7-19 所示。

图 7-19

第 7 步：在返回千牛进行授权后，查看客户信息就可快速地回复客户了，如图 7-20
所示。

图 7-20

经过以上设置，千牛智能客服系统就可以正常工作了。

📚 **项目检测**

**一、选择题**

1．智能客服是以（　　　）、语音识别、语义理解、人机交互等多种人工智能技术和互联
网技术为基础，通过互联网、移动互联网、语音等方式进行的，为客户提供精准智能服务
的客服工具。

　　A．自然语言处理　　　　　　　　　B．机器语言处理

　　C．网络搭建　　　　　　　　　　　D．软件应用

2．智能客服应用场景按照服务形式可分为（　　　）和线下场景。

　　A．线上场景　　　　　　　　　　　B．营销型应用服务

　　C．服务型应用场景　　　　　　　　D．教育场景

3．App、微信、微博等成了人们主要使用的沟通方式，所以智能客服系统能够支持（　　）势在必行。

    A．实现会话转接          B．接口开放功能

    C．全渠道接入           D．智慧学习

4．智能客服的工作逻辑是（　　）。

    A．深度学习、信息采集、语义理解、问答匹配

    B．信息采集、问答匹配、语义理解、深度学习

    C．语义理解、信息采集、问答匹配、深度学习

    D．信息采集、语义理解、问答匹配、深度学习

5．在选择智能客服系统的过程中，以下说法错误的是（　　）。

    A．考虑预算和需求

    B．慎选免费系统

    C．优先考虑售后服务优秀的系统

    D．付费系统价格优惠就好

## 二、简答题

1．智能客服的优势主要有哪几方面？

2．线上店铺如何使用智能客服系统？

## 三、实训题

根据所学知识，完成千牛"阿里店小蜜"的设置。

**客服新媒**

### 人工客服将被智能客服全面替代？企业愿意，客户不答应

在互联网还未普及的 20 年前，客服人员主要依赖于人工电话连线客户。在之后的 10 年间，开始出现了以 PC 端客服软件为主的在线客服。

直到 2010 年左右，基于 SaaS 的云呼叫中心和云客服软件才开始出现，"智能客服"逐步进入商业化应用时期。有关机构预测，2025 年，95%的客服互动将由 AI 技术主导完成。届时，机器人的语义表述和沟通表达能力可达到以假乱真的地步，让客户无法分辨"真假

客服人员"。

在电商行业，使用智能客服的情况最为普遍。该行业庞大的售前售后咨询量，为人工智能提供了丰富的数据学习资源。专业数据显示，目前的智能客服技术已经可以回答近 80% 的常规性问题，同时还可降低 30% 的客户服务成本。人工客服可以将更多的时间和精力用于提升服务质量，为客户提供更优质、更有力的后续服务。智能客服的应用还降低了企业用人及管理成本，这对任何一个电商企业而言都是一笔不亏本的买卖。

### 智能客服对人工客服的全面替代无人可逆

历史经验告诉我们，技术对社会的颠覆只有持续向前，绝不会停下或倒退。对比人工客服，智能客服确实在许多方面解决了行业痛点，体现了人工客服所不具备的优越性能。

1. 数据存储与处理功能无"人"匹敌

阿里云官网介绍，阿里云智能客服云小蜜依托专业人工智能技术，智能问答准确率可达 90% 以上。直观的数字看板可以帮助工作人员分析处理复杂多样的客服数据，为企业迭代产品和优化服务提供数据支持。

2. 使用智能客服可降低用人及管理成本

根据某项不完全统计，客服从业者对工作的不满意程度高达 51%。客服人员也是活生生的人，他们在面对有可能出现的刁难和投诉时，承受的情绪压力更为突出。轮岗、加班等现象也屡禁不止，造成客服人员工作强度过大。回答客户反复提出的重复性问题，这项枯燥和机械的工作也无法为他们带来更有价值的能力提升和职业发展空间。

3. 智能客服可实现 24 小时在线、多语言解答客户疑问

智能客服每天 24 小时不间断地提供对话服务，可随时随地地解决客户问题，还能提供多语言的服务。如此超长的"在岗时间"和语言能力，是智能客服的绝对优势之一。这种随叫随到的贴心服务也能极大地提高客户满意度。

### 提高人机协作模式的和谐度

智能客服与人工客服之间的协作模式该如何划定？我们给企业方、技术提供方与客户提出以下实用性建议。

1. 增加人工客服入口，降低客户求助门槛

对企业而言，在产品界面功能设计上，需要强化和突出人工客服的按钮和入口，或者设置较低的触发门槛，缩短智能客服与人工客服之间的链条长度。

2. 建立多样化的专业客服小组，重视团队氛围营造

在企业内部建立由多类型人才组成的专业客服小组，给予他们足够多的时间进行配合，

互相分享专业技能知识，增加客服人员的职业价值，培养自驱力。与此同时，注重客服团队内部的氛围营造，管理人员需随时留意客服人员的情绪问题，及时帮助他们排解工作压力。

3. 细化产品使用场景问题分类，注重情绪共鸣

从技术提供方的角度来说，细化客户在使用场景中可遇见的问题的分类，尽最大可能细分产品问题，能够大大降低客户使用人工客服的频率。此外，智能客服可在问题回答设置上更富有同理心，注重情感表达，及时将无法应对的问题转给人工客服解决，提高客户满意度。

4. 客户可提前厘清求助问题，留意人工客服的工作时间

在询问客服人员之前，客户可梳理所提问题，将问题分析得足够详细。如果提出的问题不够清晰，自然无法得到一个准确的回答。过于依赖人工客服，也是一种人力资源的浪费，客户要学会有针对性地使用智能客服。在万不得已的紧急情况下，找人工客服最好配上可用于解释的图片，提高问题解决效率。另外，客户应提前了解人工客服的工作时间，选择在其工作时间或低峰期进行询问，也可避免无意义的抱怨。

总之，在越来越倡导人文主义的今天，我们在探索技术、讲求效率、追逐利益的同时，更应该关注"人"在整个经济链条中的价值和感受。人相较于 AI 有着更为复杂且丰富的"程序"，能让客户感知到真实的情绪。不论人工智能如何优秀，给客户提供一个有血、有肉、有温度的沟通体验，是让客户感知到企业的品牌与文化的最直接、最有效的方式。